あれこれ知りたい
スコットランド

ウイリアムス春美

芙蓉書房出版

エジンバラ城からの眺め

裏側から見たエジンバラ城

バスを待つエジンバラの学生

聖職者トーマス・チャルマーズの像

グラスゴー大聖堂

グラスゴーの中心、ジョージ・スクエアにある証券取引所

スコットランドの首都エジンバラは東岸のフォース湾に面した港町。政治の中心であり、歴史的建造物など見どころの多い街
グラスゴーはスコットランド最大の都市。産業都市であり、芸術・文化の街として知られる

今も使われている
赤いポスト

ジョージ・スクエアには
偉人の像がたくさんある

グラスゴーの横丁

セント･ジョージ･トロン教会

スコットランドといえば
おなじみのバグパイプ

シェトランド諸島には羊がいっぱい

セントアンドリューズ城跡

ミーグル教会　博物館はこの建物の一部

エジンバラとグラスゴーの間でおもしろいポップアートを見つけた。スコットランドに伝わる馬の形をした水の精「ケルピー」の彫像で、ステンレススチール製、高さ30メートル、600トンという巨大なもの。馬のパワーで産業が盛んだったこの地を象徴しているという

シェトランド諸島の勇壮な火祭り
「アップ・ヘリー・アー」

スコットランドのハロウィーン

プロローグ
ティー・タオルの歴史秘話

私はスコットランドの観光旅行をする時、お土産物としてよくティー・タオルを買う。ティー・タオルとは、水で洗った食器を乾かすために拭く布地で、日本では布巾《ふきん》、アメリカではディッシュ・タオルに当たる。素材はもともとは麻だったが、今は綿が多くなった。日本の布巾よりは少し大きなサイズで、水を吸収しやすい。値段も手頃だし、何しろかさばらない。それに何枚あっても邪魔にならない消耗品だからあげやすい。観光地で売られているティー・タオルには、その土地の名物や観光スポットの説明などが印刷されているので、お土産にはとても重宝する。

グラスゴーから三時間ほどドライブするとネス湖がある。私は頻繁に訪れるのだが、その近辺で面白いティー・タオルを見つけた。イギリス人が自分たちの文化だと思い込んでいるさまざまなものはすべてスコットランド人の発想、発明、創作によるものだったという風刺物語に仕立ててある。

タイトルは「我々とは？」。スコットランド語（英語とは違うのだ！）で「でもみんな死んじゃってるけどね！」と副題が付いている。それとなく自分達のことも揶揄しているみたいだ。タオルにはこんな内容のことが書かれている。

ネス湖の近くで見つけたおもしろいティー・タオル

典型的なイギリス人は、まず朝食のトーストにダンデイに住むミセス・ケイラーが発明したマーマレードをつけ、それを食べて朝食を終わるだろうよ。そして食後はグラスゴーのチャールズ・マッキントッシュが特許を取ったレインコートを着て出かけるだろう。

それから彼はターマック（道路の瀝青膠着材の一種）で舗装されている道を歩いてオフィスに行くだろう。そのターマックはエアに住むジョン・ラウドン・マックアダムによって発明されたんだ。でも、もしかしたら彼はドレグホーンに住むジョン・ボイド・ダンロップが特許権を持つピューマチック・タイヤが使われている車で行くのかな。しかしその車を買う前は、グリーノックのジェームズ・ワットの発明した蒸気機関車でオフィスまで通っていたかもしれないな。

オフィスに着いたら、まずダンディのジョン・チャルマーズが発明した切手（接着スタンプ）を使って郵便物を処理するだろうよ。そしてエジンバラで生まれたアレクサンダー・グラハム・ベルによって発明された電話をしょっちゅう使って仕事をするんだ。

仕事を終えて家に帰ると、アバディンシェアーのアバディン・アングスで育てられた大好物の牛のローストビーフが夕食になるんだ。そして、ヘレンズバーグのジョン・ロギー・バードの発明したテレビで、アメリカの海軍の父、カークビーン生まれのジョン・ポール・ジョーンズについてのテレビ番組を見るのではないか。

彼の息子はエジンバラ生まれのロバート・ルイス・スティーブンソン作の「宝島」を読むのが好きで、娘の方はソーンヒルのカークパトリック・マクミランの発明した自転車で遊ぶのが好きなようだね。

どうやらイギリス人にとっては、日常生活でスコットランド人の発明品を避けることはできないようだ。

こんな境遇に落胆してバイブルに目をつけたとしても、最初にバイブルを英語に翻訳を許可したのは、スコットランド人の王ジェームズ四世なんですからね。

もちろんアルコールを口にすることもできるが、スコットランドのウイスキーは世界で一番おいしいんだよ。

もうこんな人生に落胆して見切りをつけようとしてライフルを手にしたって、ブレーチー・ローディング・ライフルは、ピットフォーのキャプテン・パトリック・ファーガソンが発明したんだ。それも忘れないで欲しいね。

もし死を免れてもダーベルの細菌学者であるアレクサンダー・フレミングによって発見されたペニシリンを注射されるか、バースゲイトのジェームズ・ヤング・シンプソンによって初めて実験されたクロロホルムが与えられるだろうよ。

みんなスコットランド人によって発明されたんだ。

麻酔からさめても、ダムフリーズのウィリアム・パターソンによって創立されたイギリス銀行と同じくらい安全だよ、と言われたのでは彼の精神状態は良くならないだろうよ。

全てスコットランド人の発明に取り囲まれているんだからね。

もし精神的平和が欲しいなら、スコットランド人の血を輸血してもらったら一番いいかもしれないね。

このティー・タオルに書かれていることが本当なら、スコットランド人はすごい。私たちが住んでいる現代社会に貢献した人たちがわんさといるわけだから。

そんなスコットランド人って、どんな人々なんだろうか……。

春茶会歴史を語るティータオル

あれこれ知りたいスコットランド❖目次

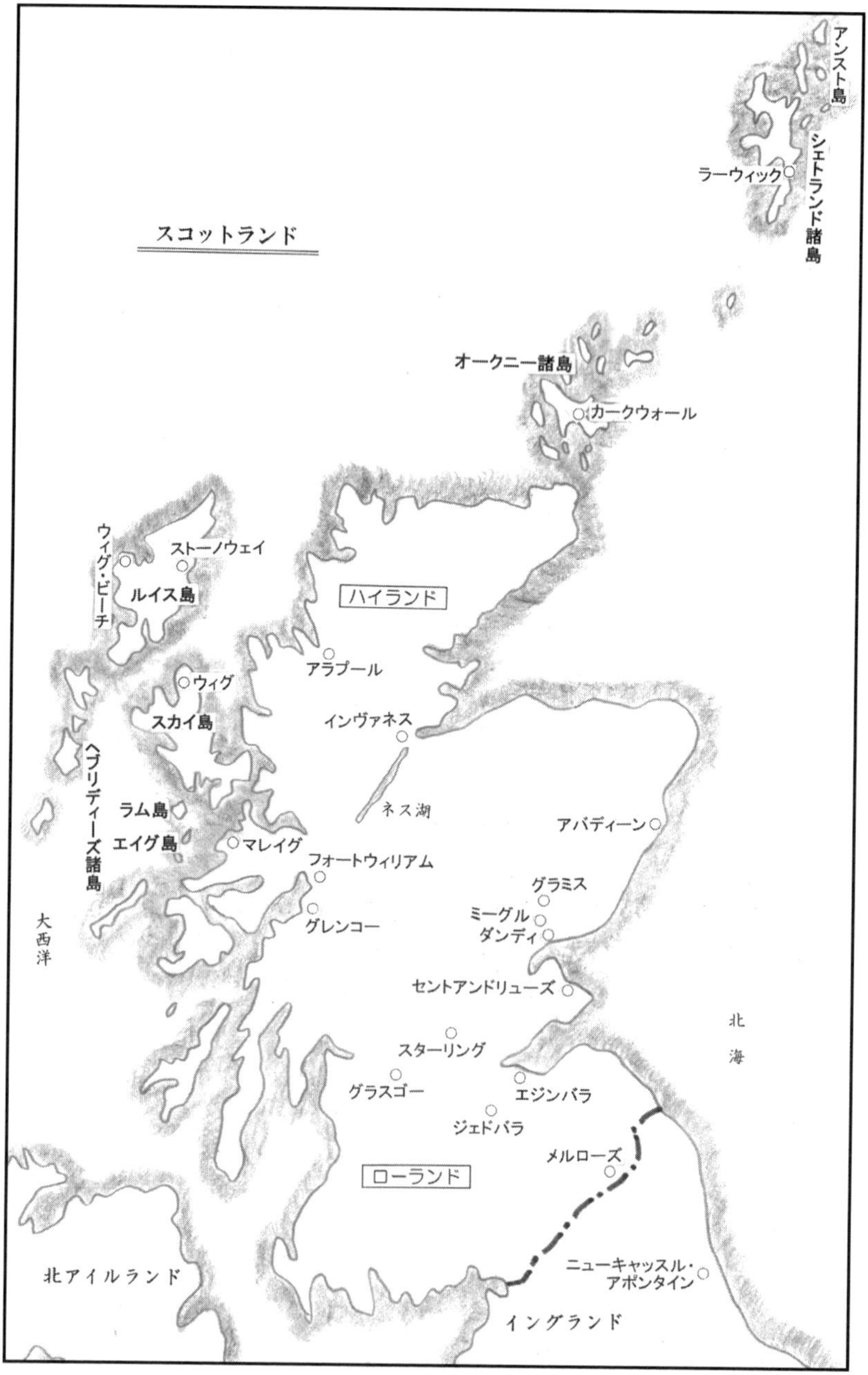

スコットランド
アンスト島
シェトランド諸島
ラーウィック
オークニー諸島
カークウォール
ウィグ・ビーチ
ストーノウェイ
ルイス島
ハイランド
アラプール
ウィグ
スカイ島
インヴァネス
ヘブリディーズ諸島
ネス湖
ラム島
エイグ島
マレイグ
フォートウィリアム
アバディーン
グラミス
ミーグル
ダンディ
グレンコー
大西洋
セントアンドリューズ
北海
スターリング
グラスゴー
エジンバラ
ジェドバラ
メルローズ
ローランド
ニューキャッスル・アポンタイン
北アイルランド
イングランド

第1部

スコットランド人の原点を求めて

オークニー諸島には世界遺産が四つもあった

カークウォールの町

「スコットランド人」とはどんな人たちなんだろうと考えていたところ、二〇一四年八月の『ナショナル・ジオグラフィック・マガジン』に"Digging Into Scotland, Mysterious Ancient Past"というスコットランド特集が載った。

スコットランド本土の北東沖合にあるオークニー諸島で、一八五〇年の大嵐で海岸が洗い流された時に、今まで誰も見たことのなかった集落が突如現れたという。それは五〇〇〇年も前のもの（紀元前三二〇〇年）であることが調査の結果分かり一躍話題になった。その集落を作ったのがスコットランド人の祖先かもしれないというのだ。ということは、いまスコットランドに住んでいる人々はもともとのスコットランド人ではないということになるのか。

この特集を読んでから、矢も盾もたまらずオークニー諸島に行きたくなった。ようやく二〇一五年一〇月、そのチャンスを得た。

オークニー諸島は約七〇の島から成り、二万人弱の人口の多くはメインランド島に住んでいる。スコットランド本土から空路で一時間ちょっとである。私はグラスゴー空港からカークウォール空港に飛んだ。

乗客は二人のビジネスマンと私のわずか三人。昼過ぎに降り立った空港は閑散としており、なんとなく心細かった。

空港を出た所にあるバス停留所でオークニー諸島の行政府のあるカークウォールへのバスを待っていたのだが、いつまでたってもバスが来ない。二人のビジネスマンは落ち着かない様子で歩き回っていたが、とうとうしびれをきらして、私を誘って三人でタクシーをシェアーして行こうということになった。

カークウォールの市街は空港から約二キロと近く、あっという間に着いてしまった。私は町の中心にある旅行案内所でおろしてもらった。

「今はシーズンオフですからホテル代も格安です」

旅行案内所でホテルを紹介してもらった時、そう言われて驚いた。九月一杯で観光シーズンは終わり、十月からはシーズンオフになるという。

私が泊まることになったオークニー・ホテルも元々はホテルではなくお金持ちの屋敷だったというが、ホテルになってからも昔のなごりがあちらこちらに残っている。メイドの部屋、図書室、くつろぎの部屋は昔のままである。メイドの部屋では、観光客は今でも自由にアイロンがかけられる。図書室には何冊も本が並べられており、くつろぎの部屋では身体がどっぷりと埋まるような安楽椅子が五つ、六つ置いてある。そこには本を読みながら何時間いてもいい。

由緒あるホテルを安く紹介してもらったのはありがたかったが、シーズンオフなので、観光バスらしきものが何もないというのには困った。ガイドももう仕事をしていないという。ローカル・バスを使い、旅行案内書を頼りに自分で観光地を回るしかないと言われた。ガイドに案内してもらえば様々なことを詳しく説明してもらえると思っていたので残念だった。

「シーズンオフだけど、一人だけ一年中やっているガイドがいますよ。個人ガイドだとちょっと高くなりますけど、どうします？」

私はためらうことなくその人に頼むことにした。

やがてクライブという男性が車を運転してやって来た。彼は小学校の教員を退職後「Wildabout Orkney」というツアー会社を立ち上げたそうだ。一日中私の相手をしてくれるという。車とガイドがあればこれほどありがたいことはない。


個人ツアーが始まった。

オークニー諸島は元々はノルウェーの領地で、ノース人（ノルウェー人）のオークニー伯によって治められていた。十五世紀にスコットランド領になったが、この島を治めていたスコットランド王ジェームズ五世の一族が専制政治を行い、島民は苦しんだという。

そんな時代に建てられた聖マグナス大聖堂はロマネスク様式の壮麗な建物で、オークニー諸島がスコットランド領になったことで、「スコットランド最北端の大聖堂」として観光の目玉となっている。オークニー諸島最大の都市といってもカークウォールは小さい町である。すぐに大体の地理を把握することができる。

「聖マグナス大聖堂も観光には見逃せない所なんですが、今日は車があるからなるべく遠くの方から始めるのはどうでしょう。近い所は後で自分でローカルバスに乗って行けるでしょう？　それに聖マグナス大聖堂は貴女のホテルから歩いても行けますしね」

クライブさんは親切で誠実な人のようだ。車に乗るとすぐ観光が始まった。

カークウォールを離れるとすぐ、とんがり屋根の建物の側を通った。

「ここはハイランドパーク蒸留所という古いウイスキーの蒸留所です。世界最北の蒸留所だと地元の人達

カークウォール空港

オークニー・ホテル

ハイランドパーク蒸留所

聖マグナス大聖堂

はとても自慢にしているんです。シーズン中は見学もできるし試飲もさせてくれるんですが、今はクローズしています」

ウイスキーはスコットランド語でウシュクベーハと呼ばれていたことから、スコットランドで始まったと言われている。ウシュクベーハは「生命の水」という意味で、最初は修道僧たちがワインを造ろうとしたのだが、葡萄《ぶどう》が手に入りにくく、代りにたやすく手に入る麦を使って試したところ、全く別な飲み物が出来てしまった。それが意外に美味しかったので「生命の水」と呼んで好まれるようになったという言い伝えがある。最初に造られたのは十一世紀と言われるが、確かな記録は一四九四年にファイフにある修道院にイギリス王から王のために「生命の水」を造るようにとの要請があったと記されている。初期の頃は麦芽だけで作っていたが、十八世紀頃までにはだんだん改良されて麦とライ麦とで作られるようになったという。

日本のウイスキーの父と呼ばれる竹鶴政孝（一八九四〜一九七九）はグラスゴー大学で醸造学を学び、その後、エルギンやキャンベルタウンの蒸留所で修業を重ね、彼の功績で日本でもウイスキーがよく飲まれるようになった。その竹鶴もオークニー島までは出向かなかったようだ。

クライブさんはいかにも残念そうだったが、私はウイスキーを飲まないので、早く次の観光地に行きたかった。

メインランド島にある四つの遺跡が「オークニー諸島の新石器時代遺跡中心地」として一九九九年に世界遺産に登録された。スカラ・ブレイ、スタンディング・ストーンズ・オブ・ステネス、リング・オブ・ブロッガー、メイズ・ホウの四ヶ所である。これは絶対に見逃してはならない。ネス・オブ・ブロッガー遺跡も見たかったが、シーズンオフで閉鎖されていて見ることはできないということだった。

四つの世界遺産を見て回る

スカラ・ブレイはメインランド島西岸のスケイル湾に面した集落遺跡で、一八五〇年の大嵐の際に露出して発見された。保存状態は極めて良好で、五〇〇〇年もの間、砂の中に埋もれたままだったとは信じられないほどだ。

「あそこに一帯の岩が見えるでしょう？　あれは二週間前の大嵐の時に現れたんですよ」

クライブさんが説明してくれたが、海岸沿いの一帯は嵐が来るたびに景色が大きく変化するらしい。そんな大嵐の一つが五〇〇〇年も前に造られた集落を自然発掘してくれたのだった。

スカラ・ブレイが作られたのは新石器時代で、エジプトのピラミッド以前に作られたと地元の人達は自慢している。今は観光客が見学しやすいようにきれいに整備されている。ベッドがあり、暖炉があり、家の真ん中には料理ができるような炉があり、冷蔵庫のようなものまであったのは印象的だった。さらに驚いたのは下水処理の跡まであり、海の方へ流出するように設計されていたことだ。教科書にはローマ人が最初に下水道を作った民族だと書いてあるが、実はローマ人以前にスカラ・ブレイの住民は下水道を作っていたらしい。これは新事実として認められているのだろうか。

次はリング・オブ・ブロッガーである。オークニー諸島の古代遺跡の中で最も有名な環状列石（ストーンサークル）の遺跡群である。広々とした田園の中にあるので、遠くからでもよく見える。もともと六〇基あったが今は二七基になってしまったそうだ。サークルの直径は一〇〇メートル以上ある。

「その石柱が建っている土地は今でも個人の持ち物なんですよ」とクライブさん。

なるほど、牛や羊が放し飼いになっている。世界遺産の石柱が個人所有の牧場の真ん中にあるのだ。その土地の持ち主は、石柱が邪魔で、世界遺産に登録される前は、石柱の真ん中に穴を開け爆薬を詰めて爆破を繰り返してきたのだそうだ。世界遺産に登録された後も、その持ち主は破壊行為を続けていたが、と

スカラ・ブレイ遺跡

中央には煮炊きできる
ところがあり、右側には
ベッドもある

冷蔵庫？

リング・オブ・ブロッガー

うとう村人達が立ち上がり、彼の行動を止めたらしい。

「世界遺産に登録されるのは名誉なことだからと政府が買い取って保護したりとかしないんですかね？」

という私の疑問にクライブさんが答えた。

「政府にはそんな金なんかありませんよ。世界遺産に登録されたからといって何も変わりません。持ち主にとっては世界遺産なんて何の役にも立たないやっかいなものとしか思えないんですよ」

その説明には納得がいかなかったが、文化的価値についての考え方はこうも違うのかという現実を思い知らされた。

スタンディング・ストーンズ・オブ・ステネスも十二本の石柱が並んでいる。直径四四メートルのストーンサークルの一部と考えられており、最も大きなものは六メートルもある。

最後に行ったメイズ・ホウは世界最古の円形墳墓といわれている。石を円形状に積み上げた墓の入口から冬至の前日には夕日が差し込んで内部を照らし出すそうで、緻密に計算されて設計されている。

今回シーズン・オフのために見学できなかったネス・オブ・ブロッガー遺跡も二〇〇二年に発見された儀式用の建造物群だが、発掘はシーズン中にボランティアのみの手で行われているため遅々として進まないようだ。実にのんびりしていてじれったいが、何千年も前のことを調べるのに数年は一瞬のことということなのかもしれない。

環状列石（ストーンサークル）といえばイングランドにあるストーンヘンジが有名だが、オークニー諸島の遺跡はさらに古いとのことだ。ということは、今まではイギリス文化は南から北へ移っていったと言われてきたが、もしかしたら北から南だったかもしれない。

このように一つ一つの遺跡が今までの常識を覆すような事実の上に建設されていたのがショッキングだった。

オークニー人はヴァイキングの末裔

遺跡見学の後、クライブさんからこんな話を聞いた。

エジンバラの近くにあるロズリン教会はオークニー諸島の貴族ウィリアム・セント・クレアによって一四八〇年代に建てられた教会なのだが、そこにはオークニー諸島には元来ない植物、例えばアメリカ・カクタスとか、とうもろこしの絵があるというのである。今から六〇〇年ほど前、スコットランド人はヴァイキングから造り方を教わって、ロングシップといわれる船を運航していたが、その船でマサチューセッツ州にたどり着いたという話がある。その証拠として、その時の船の絵や、乗船員の一人のジェームズ・ガンの家紋がマサチューセッツ州にある教会の壁に彫られている。

冬の海を本国のスコットランドに航海することができず、ミクマック・インディアンの世話になって年を越したというエピソードがオークニー諸島の人々の間で語り継がれてきたが、この話がミクマック・インディアンの言い伝えとして残っているそうだ。船の持ち主で船長でもあったニコロゼノ自身の地図と船旅の日記も現存しているらしい。

ということは、最初にアメリカを発見したのはコロンブスではなくこのジェームズ・ガンというスコットランド人なんだよとクライブさんは熱く主張した。

アメリカ大陸発見者についてはいろいろな説があるようだ。

二〇一七年一二月にアイスランドに行った時、首都レイキャヴィックでレイフ・エリクソンの像を見た。ヴァイキングの英雄エリクソンはコロンブスよりも五〇〇年も前に北アメリカに到達していたのだという。アメリカもそれを認め、その記念に彼の銅像を送ったのだというのである。

本当のアメリカ発見者は誰なのだろう。考えてみれば誰でもいいのであるが、国を挙げての祝いをするとすれば誰を祝うのかは大切なことに違いない。どうやらアメリカ発見者は、今まで信じさせられてきたコロンブスとは全然違う人物のようだ。

クライブさんはドライブをしながら、自分のことも話した。彼はイギリス人なのだが、若い時にオークニー諸島を旅行して、すっかりこの島に魅せられてしまった。そして大学卒業後この島で小学校の教師になった。子供達の家族とも親しくなり、それはそれで満足していたが、教師を退職した後、いくら自分がオークニーが好きでオークニーのために尽くしたとしても、絶対にオークニー人にはなれないと感じたという。それでも、一生この島で過ごそうと、土地と家を買い、農業をし、馬を飼い、土地の人達と同じような生活をしているが、やはり自分は外国人なのだという。

一番のネックは自分にヴァイキングの血が流れていないということらしい。この島の住民のDNA検査をした時のこと、ほとんどの人がヴァイキングのDNAを持っていたそうだ。彼にはもちろんない。この島の人達にとってヴァイキングの末裔であるということは非常に大切なことであり、スコットランドに住むスコットランド人とは明確に一線を画している。スコットランドに属することも好まないという。

クライブさんは一日の終りに自分の家も見てもらいたいと言った。オークニー諸島で昔から使われている農機具の骨董品も集めている。それに自分の子供のように可愛がっている馬も見せたいと言った。複雑な思いを抱きながらも、自分がいかにオークニー人のように生活しているか見てもらいたいという様子だった。

オークニー人がヴァイキングの末裔であることに誇りを持っていることが強く印象に残ったので、詳しく調べてみようと思い、カークウォールの町の中心にある図書館へ行った。係の女性は興味深そうに私を見つめた。

「ヴァイキングのことについて知りたいの？　何でも聞いてちょうだい。私には九八パーセントの血が流

クライブさんの農機具コレクション

クライブさんの愛馬

れているんだから」といかにも誇らしげだった。

そして、更に付け加えた。

「オークニー諸島はスコットランドの一部として扱われているけど、我々はスコットランドには属したくないのよ、本当は。分かるでしょう？」

オークニー人としての、そしてヴァイキングの末裔という誇りが声にも身振りにも出ていた。

今のオークニー人はスカラ・ブレイの集落を作った人達よりもずっと後にノルウェーの方から渡ってきたヴァイキング、つまりノース人の末裔なのだ。研究者の間ではスカラ・ブレイ集落を作った人達はピクト人ではないかといわれているが、その証拠は何もない。ピクト人は文字を持たない民族だったのだ。ピクト人の残した遺跡、遺物はスコットランド中に残っているが、そのピクト人がどこへ消えてしまったのか、誰も証拠を見つけられないでいる。皮肉にもクライブさんとの遺跡巡りは、オークニー諸島の史実を知ることよりもさまざまな疑問が沸き上がってくる結果となった。

イタリア人捕虜の手でつくられたチャペル

翌日からはローカルバスを使って、島のあちこちを回った。その中で忘れられないのはイタリアン・チャペルである。メインランド島と橋でつながっているラムホルム島にある教会だ。

オークニー諸島には七〇もの島があるが、第一次、第二次世界大戦の時には、イギリス海軍艦隊停泊地として大切な島々だった。

第二次世界大戦時、目敏いドイツ軍はすぐにイギリス海軍の基地を見つけ攻撃を仕掛けた。イギリスの誇る戦艦ロイヤル・オーク号はドイツの潜水艦Ｕボートに攻撃され多数の犠牲者を出した。当時の首相チャーチルは、ドイツ軍が湾内に侵入できないように、点在しているオークニーの島々の間を土手道でつないだ。これはチャーチル・バリアと呼ばれている。その工事に戦争捕虜のイタリア人五五〇人を使った。チャーチル・バリアの工事は瞬く間に進み、ドイツの船は侵入できなくなり、イタリア人捕虜は島民に感謝された。そして工事が終わると、捕虜達はイギリス政府に自分たちの信仰するカトリックのチャペルを建てたいと嘆願したのである。その願いは直ちに聞き入れられ、イタリア人達は狂喜してチャペル工事にとりかかった。たまたま捕虜の中にドミニコ・チョチェティという建築家がいて、工事は彼の差配で進められた。建材がないので、コンビーフの空き缶や自動車の部品の廃物を使った。ありあわせの建材を露骨に見せないために壁には絵を描いた。幸か不幸かチャペルの工事が完成する前に戦争は終わった。しかしドミニコ・チョチェティはほかのイタリア兵達が本国に帰った後も、一人残って工事

イタリアン・チャペル

チャペルの内部

を完了させた。

　小さくて、チャーミングで、誰からも愛されるようなチャペルに仕上がったが、結局、イタリア人達が自分達のチャペルとして使う機会はなかった。

　宗教が違うので、オークニー諸島の島民がこのチャペルを礼拝に使うことはなかったが、チャペルの維持は島民が引き継いでくれた。以来、イタリア人が観光で訪れ、特別礼拝をしたり、元軍人達が再会の集まりをしたりと、イタリア人にとっては貴重なチャペルとなった。

　イギリスの政府が敵国であったイタリアの人達の希望を叶えてあげ、オークニーの人達が自分達の宗教的な行事にも使えないチャペルを戦後ずっと維持し守ってきたというのは、なんと心の広い行為であったことか。小さなオークニー諸島でスケールの大きく深い人間愛に心の温まった旅になった。

　けれども、スコットランド人とは？　という問いの答えはまだ得られていない。

オークニー諸島の羊

❖残されたチャペルの狭庭返り花

スコットランド最北のシェトランド諸島の勇壮な火祭り

英国領土の最北端の島

オークニー諸島を訪れた時、カークウォールの図書館で会った女性の誇らしげな言葉「私には九十八パーセント、ヴァイキングの血が入っているのよ。だからスコットランドには属したくないの。それよりはノルウェーとかＥＵに属したいのよ」が忘れられなかった。

オークニー諸島の旅から帰ってまもなく、シェトランド諸島のラーウィックで毎年一月最後の火曜日に大きな祭りがあると聞いたので行ってみることにした。アップ・ヘリー・アー（Up Helly Aa）という火祭りだ。

ヴァイキングがシェトランド諸島に渡って来た時、その島に永住する覚悟を示すため自分達が乗ってきた船を焼いてしまい、帰れなくしたという。それを記念してのお祭りなので、実際に船を焼くのだという。観光ポスターを見ると、何百人もの町民が火のついた松明《たいまつ》を持って町中を練り歩き、最後にはその松明を投げつけて船を焼くという見事な火祭りのようだ。これまでに見たことがない息を飲む光景を期待できそうだ。スコットランド本土よりもかなり北にあるシェトランド諸島の寒さは厳しいだろうが、この火祭りはぜひ見ておきたかった。

シェトランド諸島はオークニー諸島よりも八〇キロ北にある。スコットランド本土からは一七〇キロ離れている。もっとも大きなメインランド、イエール島、アンスト島をはじめ大小一〇〇以上の島々があり、ここが英国領土の最北端になる。

シェトランド諸島がスコットランドの一部として考えられるようになったのは一四六八年以降のことだった。それまではデンマーク・ノルウェーの一部だった。その頃デンマークとノルウェーは一つの国だった。シェトランド諸島のことはよく知らなかったのだが、私の子供達が小さい頃、家で飼っていた二匹の犬がシェトランド・シープ・ドッグだった。牧羊犬としてシェトランド諸島ではたくさん飼われていると聞いていたが、我が家の二匹の犬も可愛くて賢こかった。家族の一員でもあったこの二匹の生まれ故郷のシェトランド島にはいつか行ってみたいと思っていたのだ。


飛行機で行けばグラスゴーから一時間ちょっとだが、せっかくだから船で行くことにした。アバディーン港から船で一昼夜かけて朝早くにメインランドのラーウィック港に着いた。港に着いてもバスなどないので、自分で交通手段を考えなければならない。私はここで初めてレンタカーを借りることにした。予約をしてくれたのが私の娘で、実際乗るのは私なので、私のクレジットカードは信用できないと言われるなどちょっとしたトラブルはあったが、何とか車を借りることができた。一緒に船から降りた二〇人くらいの客は自分の車があるのか、誰か迎えに来ていたのか、あっという間にいなくなってしまい、港には私一人だけが取り残されていた。

一月はシーズン・オフだから泊まるところには困らないと思い込んでいたが、この祭りがあるせいか、ようやく見つけたのが、ラーウィックの中心から二〇キロくらい離れた民宿だった。初めてのレンタカー、初めての国のドライブで、最初のうちは緊張して怖かったが、車の量は少ないし、道路は綺麗に舗装されている。怖がることは何もなかった。

狭い道を入っていくとその民宿はすぐに見つかった。中年の女性ジェニファーが出迎えてくれた。ご主人が亡くなった後、民宿で自分一人の生活を支えているのだという。三人の子供は大学を出てから、医者、学校の教師、政府の役人と立派な職業についているので生活に困ることはないのだろう。半分は老後の楽しみとして民宿をやっているらしい。小じんまりとした家なので一日一組の客しか取れないが、裏庭は海に面して眺めが非常にいい。そして家の近くには観光スポットが点在している。

ジェニファーは食事の時には、まるで私を見守るように側の安楽椅子に坐って編み物をしている。シェトランド諸島には特有の編み物のパターンがある。そんな模様のセーターの修理をしているらしい。

ラーウィックの町並み

「編み物が好きですか？」

「このセーターは私の息子が子供の時にずーっと着ていたセーターなんですよ。私が編んであげたんですけど、息子はこのセーターが好きでね。毎日着てました。だからほら、袖の先とか身ごろの裾とかすれてきてしまっているんですよ。でも捨てるにも捨てられず、こうして繕って補強しているんです。多分、孫が着ると言うでしょう」

「そうですか……。島の女性は編み物が好きなんですか？」

「そうですね。ほとんどの人は自分が着るセーターなどは自分で編んでいますよ。私が今着ているカーディガンも私が編んだものですよ」

シェトランド諸島は、シープ・ドッグやアップ・ヘリー・アーだけでなく、特にレースの編み物では世界的に有名だ。それも純毛の超極細で編む技術は世界一で、今でも結婚式に花嫁のベールの素材として使うそうである。その技術を学びに世界中からレース編みの愛好家が毎年集まって来る。去年の参加者は六〇〇人を越したというから驚きである。

私は一週間のバケーションで来ていたので、観光の時間はたっぷりある。彼女の家から町の中心まで十五分くらいで着いてしまうので、祭りが始まる前に町の隅々まで見物できた。博物館や記念館、学校や教会、公民館、そしてやがて焼かれるであろう船の模型等々、小さい町ながら見るところはたくさんあった。船の模型は焼いてしまうにもかかわらず、本物と同じように作るので三、四ヶ月はかかるという。上がった船は海岸沿いの小さな広場に展示され、観光客が近くまで行って写真を撮ったり触ったりすることができるようになっている。

シーズンオフのアンスト島

シェトランド諸島の小さな島々の間はフェリーで簡単に行き来できる。まだアップ・ヘリー・アーまで数日あるので一番北のアンスト島に一晩泊まりで行ってみることにした。

「私の知り合いの人がホテルを経営しているからそこに泊まりなさい。紹介してあげるわ。素敵なレストランもあるし、食べ物にも全然困らないと思うわよ。レストランはその島には一つしかないから、遠くの方から皆食べに来るのよ」

ジェニファーがそう言ってくれたが、シーズンオフなので予約など必要ないだろうと思い、何の準備もしないまま車で出発した。

島の道は綺麗に整備されているが車はほとんど走っていない。次々に現れる丘の周りをくねくねと延々と続く道をひたすら北上しフェリー乗場を目指す。途中に道路標識など全くないので、方向が間違っていないかと不安になる。途中で誰かに聞いてみたくても、車も人もいないのだ。近くの家で聞いてみようと思いついたが、周りに見えるのは林や森ばかりで一軒の家も見当たらない。ますます不安になってくる。そうこうしているうちにやっと一軒の家が見つかった。悪いとは思ったがその家の庭に入りこんで車を止めた。

「ごめんください！」と私は必死になって大きな声を張り上げたのだが、誰も出てこない。家には鍵がかかっていないようなのに誰の声も聞こえてこない。私は諦めてその場を去り、しばらく走るとまた一軒の家が見えた。またまた庭に入って車を止めた。そこには二台も車が止まっているし、子供の玩具まで散らばっている。絶対に誰かいる。そう思って「ごめんください！」と大声で言った。しかし何の反応もない。ドアの一つが開いているのに気づいたので中を覗いてみたが、誰もいない。悪いと思ったがちょっと家の中に足を踏み入れてみたが、人影がない。子供の洋服や靴が散らばっているのに声がない。

一体どうしたのか、狐にばかされているとはこういうことを言うのだろうか。私の不安はますます募っていった。それからも運転しながら、家が見つかるたびに立ち寄ったが、誰一人出会うことはなかった。この時の経験を戻ってからジェニファーに話した。

「そうだったの？　島の人達は知らない人を信用しないのよ。だから知らない人には絶対に話をしないという伝統があるの。多分貴女が声をかけた家にだって人はいたと思うよ。だけどどこかに隠れていたんだと思う」

腑には落ちなかったが、そんなこともあるのかと思った。

とにかく、不安な気持に襲われながら山道を運転していると、やや下り坂になってきた。と思ったらすぐ海岸らしき所に出た。そこがフェリー乗場だったが、あまりの小ささに驚いた。そのフェリーがアンスト島行きだとわかった時にはホッとした。フェリーが出発する時間が近づくと、一台、二台と車がどこか

スコットランド
最北端の家

私が泊まった民宿
一番奥の家の後ろ

民宿のすぐ後ろは海岸

ヴァイキングの住んでいた家を修理する
シェトランド人の大工さん

スコットランド最北端の灯台

らか現われ、乗船客も見かけるようになった。

小さなフェリーは三〇分もしないでアンスト島に着いた。一緒に乗ってきた五、六台の車はたちまちどこかに消えてしまい、一人取り残された私は一本道を運転することになった。

宿の予約はしていなかったが、絶対大丈夫だからというジェニファーの言葉を信じて、紙に書かれた住所に向かって車を走らせた。着いたところはアンスト島最北部のサンバラという町で、海に面していた。そのホテルはジェニファーは四つ星と言っていたが、立派な建物ではなく、家族が泊まれるような小さな一戸建ての部屋が海岸に沿っていくつも並んで建っている。いかにもバードウォッチング用の宿という感じだった。駐車場には車が一台も停まっていなかったが、一つの部屋に電気が付いていたので、車を止めてその明りに向かって歩いて行った。部屋の中に男性が二人いた。

「あのー、今晩一晩泊まりたいんですけど」

「あー、いいよ。だけど、今はシーズンオフだから食事の用意が全然ないんだけど、それでもいいかな」

「ということは食べ物はどこで手に入れるんですか？」

「ここからちょっと行ったところに小さな店があるから、そこで食べてください。たった一軒しかない店なんだけど、一応何でもあります。簡単な朝ご飯も注文すれば親父さんがちゃんと料理してくれますよ」

そういうことなので一泊することにした。いや、ここ以外に泊まるところはないのだから泊まるしかなかった。シーズン中はバード・ウォッチングの客で賑わい、ホテルのレストランはいつも超満員なのだそうだ。そういえば食べ物は非常に美味しいとジェニファーが言っていた。

マネジャーらしき人は私から宿泊代をとると鍵を渡し、「明日はその鍵を部屋に置いたまま出て行っていいよ」と言って自分はどこかに消えてしまい、同時に二人のいた部屋の電気も消えてしまい、私一人が残されてしまった。

いかにも北の島らしく、寒いばかりでなく風がびゅうびゅう吹いて怖いほどだった。部屋に備えられたストーブだけでは寒くて、洋服のまま寝たが、バード・ウォッチングの観光客のための小屋が海沿いに建てられていて、シーズンの時にはさぞ素晴らしいだろうと想像できた。

翌朝、言われた店に行って、朝ごはんを食べた。島にたった一つしかないという店だというが、日常生活に必要なものは何でも揃っているのでびっくりした。料理も美味しく食べられた。

一番北の島に来たという目的はかなえられたが、そのまま戻るのは惜しいので、シーズンオフでもバード・ウォッチングをして帰ろうと思い、場所を教えてもらい車を走らせた。そこは崖の上から青い海と海に群がる様々な鳥がよく見える場所だった。

思いを同じくする人なのだろうか、バード・ウォッチングをする人が五、六人見られた。シーズンオフといっても鳥はたくさんいるが、あの可愛いパフィン（ニシツノメドリ）の姿は見られない。もう少し暖い季節になればたくさん見られるという。パフィンが見られなかったのは残念だったが、名前はわからないがいろいろな鳥がたくさん舞っている。かつてパフィンは食料の少ない島人にとっては良き食料源だったそうだが、今は自然愛護の観点から食料にすることは禁じられているそうだ。

帰りのドライブはゆっくり慌てず、くねくね道を走って行った。やはり車の量は少なかったが、もはや慌てる必要なしと腹が据わっている。いずれは目的地に着く。それに道は一本しかないのだから間違えることもない。道路から見える家々にも立ち寄る必要もなくなり、それはそれで楽しい景色の一部となった。夕方にはフェリーに乗って宿に帰り着いた。ジェニファーにアンスト島のホテルのことを言ったら、「知らなかった。シーズンオフにはホテルが閉まっているなんて」と何度も言っていたから本当に知らなかったのだろう。もしかしたら、ジェニファーは冬にアンスト島には行ったことがなかったのかもしれない。

アップ・ヘリー・アーの火祭りを見る

ジェニファーの家の近くに観光スポットがあちこちあるので、それらを一つ一つ回っているうちに祭りの日が来た。帰りは遅くなるので、玄関のドアの鍵をかけないでおいてとお願いして出かけた。

祭りが行われるラーウィックの町は朝から賑やかだった。夜の火祭りばかりでなく、昼間からいろいろな催し物がある。噂につられて、皆が群がるところに私もくっついて行って、何が起きるのかワクワクしながら待つ。図書館では参加者が集まって前祝いをする。参加者はヴァイキングの衣装を身につけて列を作って図書館に来る。

祭りの中心人物のギザ・ヤールがリーダーとしての伝統的な兜をかぶって現れた。参加者、観光客一同が歓声をあげて迎えた。これを合図に地方のダンスを見せたり、歌を歌ったり、大変な賑わいとなった。それが一段落すると写真の撮りあいをする。ヴァイキングの衣装をつけた一人と撮ってもらうのであるが、あまりの人数で人と人との間にスペースなどないのだから一緒に並んで写真を撮るなど容易ではなかった。

図書館の庭には子供用に小型の船の模型が飾られている。いつの頃からか、子供も子供用の船に火をつけるようになったのだそうだ。大人用の船は実際の船とほぼ同じなのでかなり大きく、それを作るのに三、四ヶ月もかかるのだそうだが、それを毎年作る。どうせ燃やしてしまうからと粗雑に作るのではなく、丁寧になるべく本物に近く作ってあるという。これを毎年ではさぞかし経費が大変だろうと思うが、これが伝統と決めてからは欠かしていないそうである。

祭りの当日はあいにく朝から雨だった。朝のうちはしとしとだったのに、夕方になるにつれて風も吹いてきた。天気予報によると大嵐になるようなのだ。でもそんなことを気にする人はいなかったし、そのために予定を変更する人もいそうになかった。私は駐車場のことが気になって、早くスペースを確保するために午前中に町に来ていた。車を置いて歩ける範囲に市役所、教会、集会所、図書館、美術館があった。

アップ・ヘリー・アーの
告知看板

祭りのリーダー
ギザ・ヤール

祭りの参加者が
図書館に集まる

祭りのクライマックスで燃やされるヴァイキングの船

燃やされる船を取り巻く人々

ありとあらゆるところに町の人々が集まり準備をしている。松明を持って町中を練り歩き、船を燃やした後、あちこちに陣取ってお祝いをし、食べ、飲み、踊りを夜を徹して続けるのだそうである。

このお祭りは、一八八〇年代に若者だけで始めた記念のお祭りだったが、若者だけでは飲んで騒ぐばかりで収拾がつかなくなったので町全体で祝うことにしたのだという。町の人達ばかりでなく、来る者は誰でも歓迎で、私も引き込まれるように参加することになった。

夜七時になった。雨はますますひどくなり、風まで出てきた。まるで嵐だ。それでも続行。私はポンチョのような雨合羽を着ていたのだが、そんなものはあってもないのと同じ。下の方から合羽は舞い上がって頭以外のところは全然カバーされていなかった。それでも私は大勢の観客と同じように道路側に立って何かが起こるのを待った。

やがて真っ暗な雨の町中からどこからともなく掛け声が聞こえてきた。その掛け声はだんだん近づき大きな波のうねりのような呻り声になってきた。そして隊列の全員が火のついた松明を持っているのが見えてきた。一列になった松明の火の行列があちらこちらから現われ、船が置かれている広場に押し寄せて来た。そして船を囲むように輪になって並んだ。後から後から次々となだれ込んでくる火の行列は何重にもなって船を取り囲んだ。全部が入りきるのに何時間もかかったように感じた。広場の外にいる見物人より多いように見えた。

誰かの合図で一本の松明が船に向かって投げられ、それを合図にまた一本、また一本と、数えきれない松明があちこちから投げ込まれた。船はたちまち燃え始め、舳先のドラゴンの頭に火が移り、やがて焼け落ちると観客は一斉に歓声をあげた。

それはまた祭りの終りを告げることでもあった。船が焼け落ちると、見物人も一人去り、二人去りと動き始めた。松明を投げてしまった行列の参加者も手ぶらで三々五々と広場から出て行った。彼らは町のあ

たった一頭だけ見かけた
シェトランド・シープ・ドッグ

ちこちに設けられている集会所に向かっていくのである。そこには食べ物も飲み物もたっぷりあり、町のさまざまな団体が歌や踊りの催し物を企画している。そしてその後はダンスパーティだ。それこそ若者達はこれを待ち望んでいたのだろう。そしてそれは夜通し続く。

私は他所者《よそもの》だが、誰でもウェルカムなので、ある集会所に誘われるままに入り、飲んで、食べて、さまざまな催し物を見学させてもらった。しかしそのあとのダンスにまで参加するエネルギーは残っていなかったので、真っ暗な中でレンタカーを探しジェニファーの家まで帰った。ジェニファーは約束通り玄関のドアを開けておいてくれたので、私は家の中に入り、そのままぐっすり眠りこんでしまったのだが、夜通し踊りまくっている若者達は翌日どうしたのだろうか。

この祭りを通して、シェトランド諸島の人が自分達がヴァイキングの末裔だということをこれほどまでに自慢にし誇りに思っていることを実感した。同じヴァイキングの血を引いているオークニー諸島の人達よりもその思いは強いように感じた。それはそれで結構なことかもしれないが、他所者の私にとってはヴァイキングが移り住む前にいた住民はいったいどこに行ってしまったのだろうかという疑問は残った。当時のヴァイキングは前に住んでいた住民より高い文化を持ち、文字も持ち、高い技術も持っていたので船なども簡単に作れたのであろうが、文字をを持たなかった先住民は何も残さず消えてしまった。それだけが気になった。ヴァイキングの末裔の意識の中で征服されてしまったのか。

シェトランド・シープ・ドッグは正直言って一匹も見かけなか

った。羊も見なかった。そうか、訪れた時期が悪かったのかもしれない。冬は羊も小屋の中で飼われるのだから。従って犬の活躍する場はない。そう言えば一匹それらしく見える犬が側を歩いている私を見て吠え始めたが、私が近づいて行くと、さっさと尻尾を巻いて飼い主の家の中に入ってしまった。犬や羊もシーズンオフでは見られないのは北の果ての島々の生活のリズムであった。

このシェトランド諸島への旅の後でもスコットランド人とは？の答えは得られなかった。

❖冬鳥の飛び交ふ北の島の果て

❖冬の日の火祭り民を繋ぎけり

ヴァイキングについて考える

ヴァイキングとは海賊？

私が知っているヴァイキングとは「海賊」のことだった。だからオークニー諸島やシェトランド諸島の人達がなぜあのように誇りに思えるのか不思議だった。

スコットランドに住む私の孫が小学校一年生の時、課外活動でヴァイキング博物館に行くという話を聞いて驚いた。元々は海賊だったことを自慢するために博物館を作ったりはしないだろう。ということは、ヴァイキングは海賊ではないということなのか。ではいったいどんな人達だったのか調べてみた。

「海賊」の意味でのヴァイキングとは、九～十一世紀にヨーロッパの沿海部を侵略した武装船団のことである。しかし本来はスカンディナビア半島やバルト海沿岸に住む北方系ゲルマン人で、「北からやって来た人」という意味で「ノース人」ともいう。今のノルウェーやスウェーデン人のことなのだ。ヴァイキングの航海もその目的は交易であって、略奪は例外的なことだったというのが現在の定説のようだ。

古代ローマ人がカレドニアと呼んでいた今のスコットランドは、言葉も文化も違う民族同士が勢力争いに明け暮れ混沌としていたが、ローマ人が侵入して来た時、団結してこれに対抗した。ローマ人は彼らを「戦争好きなピクト人」と呼んだ。ピクトとは、ラテン語で「色を塗った人々」という意味だった。言語、文化、兵力などに抜きん出ていたローマ人がピクト人との戦いにはどうしても勝てなかった。むしろピクト人を恐れていた。ピクト人に襲われないようにと、ローマ皇帝ハドリアヌスの命でニューカッスルのアポン・タインからカーライルまで一〇〇キロ以上の長い壁を築いたほどだ。

ローマ人は四一〇年に去ったが、五〇〇年頃からアイルランドからスコット人という民族が侵入してきた。彼らはキリスト教を伝え、ピクト人もそれを受け入れ、スコット人と一つの国を形成することに同意した。その地方はアルバと呼ばれ、戦争はなくなったが、主導権争いは続き、王位はスコット人とピクト人が交互に就くと決めたのだが、王が亡くなる前に殺害して王位を奪うのが当たり前になっていった。そのような殺し合いの時代を一六〇六年にシェイクスピアが「マクベス」で描いた。

マクベスは一〇四〇～一〇五七年に在位した実在したアルバの王であるが、シェイクスピアの戯曲は脚色されているので史実とはかなり違うようである。

野心家のアルバ王ダンカン一世は、自分の領地を広めようとマクベスの父親の領地に攻めこんだが、その戦いで亡くなった。ダンカン一世の従兄弟にあたるマクベスが王位を継承した。それからマクベスは十七年間この国を治めることになるのだが、マクベスの在位中には争いもなく比較的平和が保たれた。殺し合いで王位を奪っていた時代に十七年間の在位は非常に長いといえる。

実在するマクベスは、キリスト教を受け入れ人民に奨励し、自らもローマへの巡礼旅行をしている。マクベスが後のランファナンの戦いに敗れずに王位にとどまっていたら、後々スコットランドがイギリスに植民地化されるのを避けられたのではないかと言う歴史家もいる。しかしシェイクスピアの戯曲の中のマクベスは悪者か精神異常者のように描かれている。これではスコットランド人は不満であろう。

アイルランドから移住してきたスコット人と、もともとそこに居住していたピクト人が協力して一国を築き上げようとしていた矢先、ヴァイキング、つまりノース人がスコットランドの島々をたびたび襲撃するようになった。特に七九五年のアイオナ島襲撃のむごたらしさは人々を震撼とさせた。スコットランド西方海上の小さなアイオナ島にはアイルランドから移入されたスコットランド初の教会があり、たくさんの修道士が暮らしていた。武器を持たない修道士を皆殺しにし、教会内の宝物を盗み去っていったのである。島に住んでいたピクト人も戦ったが、ノース人の勢力は強大で逆らう者は皆殺しになった。八三九年にはピクト人の兵は全てノース人にやられてしまったと記録されている。その頃のスコットランドはマクベスの例にもあるように王位争いで忙しく、外敵を防ぐ強い兵力を育てる余裕などなかったのである。

八四三年頃までに、ノース人はオークニー諸島やヘブリディーズの島々に居住するようになっていた。その頃までにピクト人は殺されるか、島を出て行ってしまっていたのか、ノース人の歴史の中にピクト人の存在は記されていない。とうとう九一八年には、スコット人の王コンスタンチン一世はノース人と協定を結ぶことにした。それ以降、ヴァイキングつまりノース人はスコットランドの島々ばかりでなく内陸にも入りこんで来るようになり、一〇〇〇年を過ぎる頃までをノース人の移動の時代と呼んでいる。ノース人はスコットランドばかりでなく、アイルランド、ブリテン島、フランスの方にまで移動し居住地を伸ばしていった。

その頃のノース人は文化的にも優れていた。貨幣を使い、農業技術もあり、何よりも船を作る技術を持っていたので広範囲の地に移動できたのだろう。後にその技術はイギリス海軍増強の役に立ったと言われている。

ヴァイキングつまりノース人がヨーロッパのあちこちに定住したことにより、スカンジナビアの文化がヨーロッパ全土に大きな影響を与えることになったといえるのである。

❖血の歴史語る水仙風に揺れ

言語を持たなかった民族ピクト人はどこに消えたのか

ピクト人だけを扱ったミーグル博物館

スコットランドの子供達は学校でピクト人のことをあまり教えられていないようだ。それにはきっと理由があるに違いない。

ピクト人はスコットランドのハイランド地方を支配していた民族だ。一世紀にローマ軍と戦ったことがカエサルの「ガリア戦記」に書かれているが、八世紀にスコットランドに併合され姿を消した。文字の記録をほとんど残さず消えてしまったので「謎のピクト人」と言われる。

しかし近年、地道な研究の結果、次第にピクト人の姿が見え始めてきたようだ。建築工事や都市の開発などの際、ピクト人が残した石塔が見つかるようになったのだ。それも北はシェトランド諸島やオークニー諸島、西ではルイス島、東ではダンディ、アバディーン地方、南はハドリアヌスの壁のギリギリのところなど、スコットランド全域でピクト人の遺跡や石碑が見つかっている。

しかし、ピクト人は書き言葉を持っていなかったから、彼らの生活状況や文化について知る術《すべ》がない。しかし、ピクト人だけを扱った博物館があると聞いたので訪ねてみることにした。

その博物館はミーグルという小さな村にある。スコットランドの中東部の海岸沿いの町ダンディからバスで約三〇分かかる。ダンディは産業革命の時期には麻布の生産で栄え、スコットランドで最も豊かな町として知られた。しかし第二次世界大戦後、繊維業は廃れ、町の人口は減り続けていったが、一九九〇年頃から観光、金融業などに大転換し、現在は人口ではスコットランド第四の都市になっている。

「ここがミーグルですよ」と教えられバスを降りた。とても小さな村のようだったが、一応何でも売っているお店があり、夜中までオープンしているパブのあるホテルもあり、小綺麗なカフェもある。お店で尋ねてみた。

「ここにピクト人の博物館があると聞いて来たんですが」

「ああ、それはあの教会の隣にあるよ」とすぐ目の前の教会を指さす。

「でも今は昼休みで開いてないかもしれないな。一時頃行ったらいいと思うよ」

教会の庭を歩いて一時まで待つことにした。

その教会はいかにも古く、倒れている墓石があちこちにある。それでも由緒ある教会なのか、かつてのイギリス首相の名前なども見られる。ということは昔は栄えていた村だったのかもしれない。教会の建物は日曜日ではないので開いてはいなかったが、その周りを古い墓石を眺めながら歩いていると、こんもりと土が盛り上がっているのが見えた。近づいて説明を読んでみると、そこには元々、グィネヴィアの墓があったのだが、荒らされて失くなってしまったのだと書いてある。グィネヴィアとはキング・アーサーの妻で、愛人と駆け落ちしてここまで逃れてきたが、ついに見つかり夫のキング・アーサーに鉤裂《かぎざ》きの刑に処された女性である。彼女に同情する者が亡骸をここに埋めて弔ったのだという。

そうこうするうちに一時になったので、ミーグル博物館へ行った。幅一

教会の敷地内にあるグィネヴィアの墓

ミーグルの教会　隣に博物館がある

ピクト人の石碑

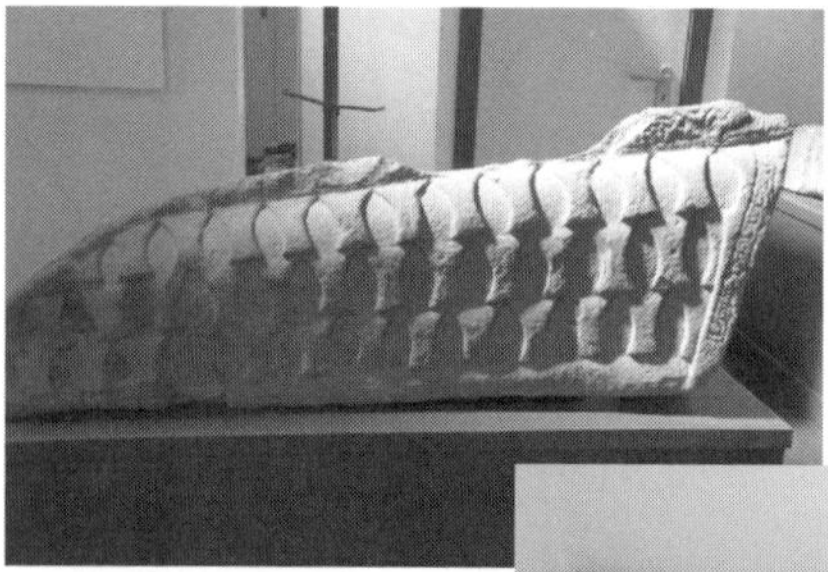

ピクト人の石碑

石碑の一部も多数展示されている

ピクト人のシンボルが
彫られた腕輪

メートルもない狭い所を入りドアを開けるともう博物館なのだ。私を迎えてくれた人は定年を過ぎたボランティアの女性学芸員だった。小じんまりとした博物館だが、一つの部屋の中に三〇もの石碑が所狭しと並べてあった。

中には二メートルほどの石碑も二つほどあったが、完全なものではなくあちこち修復されている。そのほかは横倒しになっていたり、一メートルにも満たない小さな石碑である。石碑以外のものは装飾品のネックレスなどが数点あるのみで、ちょっと残念だった。ここ以外にもスコットランドには一〇館以上のピクト博物館があり、石碑や装飾品など数個ずつ置いてあるらしい。

「数は少ないようですけど、みんなこの辺で見つけたものだけなんですよ。それにしてはたくさんあるでしょう？」と学芸員は展示物の多さを自慢するように言った。

「ええ、でも見つけたものをみんな博物館に押し込むのも惜しいですね」

「それはそうですけど、外の空気にさらしておけば悪くなるのが早くなると思います。でもまだまだ野外に放置されたままになっているのもたくさんありますよ」

石碑は野外に立っていると何か深い意味があるように見えるが、狭い部屋の中に押し込められているとかわいそうな気がする。

ピクト人の作品と思われるものでも、時代によって表面に彫られている内容が異なるようだ。古い時代に作られたものは石そのものも不格好で、表面の彫刻も大雑把で何を意味するのか全然見当がつかないが、時代が新しくなるほど切り込みがはっきりしてくる。

ピクト人は文字は持っていなかったが、石を彫って何かを伝えようとした。しかし彼らが何を伝えようとしていたのかはいまだに解明できず、専門家の間でも大きな議論になっているらしい。だからかもしれないが、ピクト人の文化についての資料は少ない。私は、原野に残っている石碑巡りの地図があると聞いたので探していたのだが、どの本屋にもないし、ダンディの大きな博物館にもなかった。このミーグル博物館ならあるだろうと聞いてみたが、やはりないという。後で分かったのだが、その本は絶版になったそうだ。

博物館の見学を終えて、記念にお土産品でも買おうかと思ったのだが、品物も少なく、ピクト人と関係のないものまで置いてある。ピクト人は石の細工ばかりでなく銀などの装飾品でも素晴らしいデザインのものを残していると聞いていたので、その複製品でもあれば買おうと思っていた。ブローチやネックレスや耳飾りなどを売ってはいたが、肝心のピクト人のデザインのものがなく、ケルト系のアートとして一まとめにされている。なぜなのか聞いてみた。

「ピクト人が描くシンボルをブローチなどにしたらよく売れるでしょうに」

「そうですね。でもここに来るお客さんはアメリカ人が多いんです。その人達はピクト人のシンボルのデザインなど探してなんかいないんです。ケルト系のものなら何でもいいんです。我々もボランティアで運営しているので、お土産品を売って儲けないといけないんです。だから売れるものを置いているんですよ」

こう内情を明かしてくれた。

ミーグル城でマクベスの石碑を探す

最終バスの時間までかなりの時間があったので、カフェに入りランチを食べながら、ウエイトレスに近所の観光名所を聞いてみた。

「あるわよ、ミーグル城やグラミス城があるわよ。グラミス城はここから車で三〇分ぐらいかかるけど、ミーグル城なら歩いて十五分くらいよ」

歩いていけるミーグル城に行くことにした。

スコットランドにはお城があちこちにある。お金があれば誰でもお城を建てられるのだが、維持するのが大変で手放す人が多いらしい。ミーグル城も何らかの理由で持ち主が手放し廃墟になってしまったようだ。観光案内には、マクベスはここで殺され、その証拠の石碑があると書いてある。「本当にあるの？」と聞くと、ウエイトレスは「さあ、私は見たことないけど、そう書いてあるんだからあるんでしょう」と頼りない返事。こうなったら直接確かめてみるほかない。

ミーグル城の方角に歩き出してしばらくすると、私の背丈よりも高い石塀が延々と続いているのが見えてきた。これはお城のものだろう。

五月末のスコットランドは夏なのだ。日本やアメリカの夏に比べればまだまだ涼しいが、スコットランドにしては暑くてたまらないという。摂氏二十二度くらいなのだが、スコットランドでは真夏の暑さで、外を歩く人はあまりいなかった。私も汗をかきながらやっと門らしい所に着いた。しかしミーグル城とはどこにも書いてない。ここに間違いないと自分で決めて中に入ると一軒の家があった。誰かいないかと声をかけてみたが何の応答もないので、さらに奥に進んで行った。道路の左側には広々とした農園が広がり、一メートル半ほどの高さのブルーベリーの木が植わっている。右側には高い木がこんもりと続いていて、木々の陰には何か建物があるようだ。予想通り、やがて右側に門が現れ、中には古い石作りの建物があったが、しっかり錠がかかっている。しかしお城にしてはちょっと小さい。ここではないかもしれないが、マクベスの石碑らしいものがないか、一応あたりを探してみた。何も見つからなかった。

元の道に戻り先に進むと、一台の車が林の中にスーッと入って行くのが見えた。あそこかもしれないと小走りに車の後を追うと、木々が覆いかぶさった門があった。中に入ると、大きな建物があった。これがミーグル城だ。

建物の広い前庭に大きな犬二匹を追うおじさんの姿が見え、片隅の木には白い馬が繋がれていた。まる

ミーグル城

ミーグル城の庭

ミーグル城の花壇には
色とりどりの花が

で夢の中の景色のようだった。さっきの車の人かもしれない。私はおじさんに声をかけた。

「あのー、このお城にマクベスの石碑があるって聞いたんですけど、どこにあるかご存知ですか？」

「さー、知らないねえ。そんなのあるんですか？」

がっかりしたが、今更諦めるのも悔しかったので、お城の周りを回ってみた。建物の左側の小さな木戸をくぐると、植物園のように珍しい木がたくさん植えてあった。驚いたことに八重桜が二本あり、いままさに花を咲かせているのはその二本の八重桜だけだった。木の側には、何かのお礼として日本の団体から贈られたと書かれた木札が立ててあった。このお城と日本の団体とどんなつながりがあったのだろうか。

城の周りを探しまわったが、結局マクベスの石碑は見つからなかった。前庭に戻ると、先ほどのおじさんも犬もいなくなっており、白い馬だけがじっと私を見つめていた。

カフェに戻って、ウェイトレスに話した。

「そうだったの。あのお城は村で買い取って老人ホームにしていたんですよ。私の母はそこで看護婦を三、四年やっていたんだけど、何しろ、維持費が高くてやっていけなくなったらしく、今年で閉鎖されたのよ。私の母もそれで仕事を辞めました。マクベスの石碑？　そんなの聞いたことないわね。観光客目当てにそんな話をでっちあげたんじゃないですか？　私も見たことないし。誰かマクベスの石碑なんて見たことある？」

他の三人のウェイトレスの誰もマクベスの石碑を知らなかった。なんで最初にそれを言ってくれなかったのよーと恨めしい気持ちになったが、そのうち最終バスの時間が来て、ダンディに戻った。

ピクト人はどこに消えたのか

ミーグル博物館で買った本によれば、ローマ人が去った頃、ピクト人はかなり広い範囲に居住していたようだ。その証拠に、ピクト人のものとされる石碑が教会の敷地、道端、羊の牧場の隅などあちこちから見つかっている。その多くがそのままになっているので、車さえあれば石碑巡りの旅もできる。

ローマ人が四一〇年に去った後、アイルランドからやってきたスコット人と共にキリスト教が布教された。最初の宣教師聖ニニアンはイングランドの南の方からオークニー諸島に上陸した。今でも深く崇められている彼が上陸した土地は観光地となって広く知られるようになった。スコット人は最初の頃は島々に住んでいたが、次第に大陸にも上陸するようになり、人口も増えると自分達の国を作ろうとした。それまでピクト人は個人の領土という感覚で自分の領地を治めていたが、それをまとめる役が現れた。スコット人とピクト人が勢力争いするのを聖ニニアンは悲しみ、共存するように勧めた。両国の王は聖ニニアンの勧めによって同意はしたが、それからはスコット人とピクト人が交代で王位に就くことを約束し、一応争いは治まった。しかしそれからは相手を殺して王位を奪うような事態が続き、自分のベッドで寿命を終わらせる王は一人もいなくなってしまった。歴史家はこの時代を暗黒時代と呼ぶ。

五六三年にはアイルランドから聖コロンバが来て、アイオナ島に修道院を作り、キリスト教は地道に広まっていった。ピクト人はキリスト教を取り入れていったが、アイルランドからは大勢のスコット人が、ウェールズからはブリトン人が来て南西部に定住し、六世紀後半にはアングル人が東部のローランドに定住するようになった。八〇〇年頃からヴァイキングの侵略が始まり、戦いは限りなく続いたが、ついに八四三年にスコット人がピクト人を統合してアルバ国を作った。そして一〇三四年にはスコット人、ピクト人、ブリトン人、アングル人の四種族を統合して、ダンカン一世が最初の王になった。ヴァイキングの移住は一〇五〇年頃まで続いたが、次第に定住するようになり、ピクト人と争うこともなく平和を保って生活するようになった。しかしアルバ国の王位争いは続き、一〇四〇年にダンカン一世が亡くなってマクベスが王座につくのである。

文字を持たないピクト人の歴史は謎に包まれたままだが、さまざまな説がある。キリスト教が入ってくるにつれて、それまでの多神教を捨て、キリスト教の習慣に感化されたピクト人の生活風習は自然消滅していったという説がある。また、民族間の婚姻による文化の混合が起きていたのではないかという説もある。また、アングル人が侵入してきた時、ピクト人のリーダー達を贅沢な晩餐会に呼び、酔いしれたところを皆殺しにしたのだという説や、ヴァイキングの侵略によって皆殺しにされたのだという話もある。

シェトランド諸島を旅行している時に、ヴァイキングの移住によってできたアイスランドで働いている女性に会った。彼女がアイスランドでＤＮＡ検査をした時、住民の一〇〇パーセントがヴァイキングの子孫だということが判明したそうだ。そこで言い伝えられているのは、ヴァイキングはスコットランドへ行って抵抗したピクト人を皆殺しにしたが、スコットランドの自然環境が厳しいので、より良い場所を見つけるためにアイスランドに向かったという。その頃アイスランドには人が住んでいなかったので、ピクト人の未亡人を連れて行って、奴隷にするか自分の妻にしたという。そして出来上がったのがアイスランドなんだとその女性は教えてくれた。いずれも証拠は見つかっていないので、どれが正しいのかわからないが、とにかく何の痕跡も残さずピクト人は消えてしまったのである。

しかし完全に消えることはないようだ。スコットランドを旅行するといろいろな人種が混じっていることに気づく。髪の毛の黒い人、金髪の人、肌の色がちょっと浅黒い人、透き通るように白い人、等々。髪の毛の黒い人はピクト人系と言われる。そしてまるで正反対の金髪や、肌の白い人はヴァイキング系。そう言われてみれば、スコットランドの国民的詩人ロバート・バーンズは髪の毛が黒く、皮膚もちょっと黒ずんでいて、家は農家だという。もしかしたらそういう人をピクト人系というのかもしれない。そんな風にして、ピクト人の文化は人々に受け継がれていっているのだろう。

❖石碑立つ牧場の夏草食む羊

バーンズ・ナイトの熱狂で知った国民的詩人の人気

お祭り騒ぎのバーンズ・ナイト

二〇一六年一月、私はスコットランドに住む娘を訪れることになっていた。

「ママ、どうせ来るなら二十三日頃来ない？」

「どうして、二十三日？」

「だってね、二十五日はバーンズ・ナイトなの。二十五日の前に着かなきゃ駄目よ」

「バーンズ・ナイトって？」

「ほら、あの有名な詩人のバーンズよ。一月二十五日はバーンズが生まれた日なの。生誕を祝う催し物なんだけど、子供の学校でやるのよ。子供達も参加するし面白いと思うのよ。今から予約しておかないと入れないくらいの人気なの」

　バーンズというのはスコットランドの国民的詩人として知られるロバート・バーンズである。日本でも歌われている「螢の光（オールド・ラング・サイン）」や「故郷の空（カミン・スルー・ザ・ライ）」の原曲の作詞者だ。

　それにしても、詩人の生誕を祝う催し物ってどんなことをやるのだろうか。興味津々、二十三日に着くように飛行機の切符を買った。

一月二十五日、娘の家族は学校近くの公民館へ行った。私の孫達が通うのは小学校四年生までで全校四四人という小さな学校だから、五、六十人がやっと入れる公民館ではすぐにでも予約をとっておかなければならなかったのだ。私達が公民館に着いた時にはもうすでに人で一杯だった。子供達は走り回り、まるでお祭りのように興奮している。

ロバート・バーンズは一七五九年にスコットランド南西部のアロウエイという村の農家に生まれた。三十七歳の若さで亡くなるのだが、その短い人生の間貧しい生活を強いられ、農作業をしながら詩作を続け、一七八六年にスコットランド語で書かれた最初の詩集が出版されると、農民詩人、スコットランドの国民的詩人として愛されている。

バーンズ・ナイトはバーンズ・サパーとも言われ、スコットランドのあらゆるところで祝われており、独立した委員会もあるようだ。場所が変わっても一定の規定に従って祝われている。

ロバート・バーンズ

狭い公民館にはどんどん人が集まってきた。もうこれ以上は入れないのではと思っていると、バグパイプの音楽が流れてきた。スコットランドの民族衣装をつけた三人が一列になってゆっくりと入ってきた。

先頭は大きなお盆を持った女性だ。お盆の上には今まで見たこともないような大きなハギスが一つ載っている。ハギスとはスコットランドの伝統料理である。二人目は大柄の男性でバグパイプを吹きながら入ってきた。最後は十歳くらいの男の子が長い薙刀のような武器を持って続いた。バグパイプから流れてくるメロディは聞いたことのある哀愁に満ちた曲だった。その音楽が終り、三人が部屋の真ん中に進み、用意されたテーブルの真ん中にハギスの載ったお盆を置くと、みんなワーっと歓声をあげた。
それからこの催し物の主催者の挨拶があり、バーンズの詩の唱和に移った。前もって印刷されたものが渡されていたらしいが、紙を見ている人はいなかった。毎年同じ詩を朗読するので皆覚えてしまっているのか、それとも有名な詩なのかもしれない。一人が朗読し始めるとまた一人と加わり、終わる頃にはみんなが朗読していた。

スコットランドの酒よ

絶望に打ちひしがれている者に　もうろうとするほど強い酒を与えよ
悲しみと不安で踏みにじられている者に　血を燃やす良い酒を与えよ
溢れ出る満杯の杯を与え　痛飲泥酔させよ
そうすれば人は恋も借金も忘れ去り　もはや自分の悲しみで苦しむことはない
（ロバート・バーンズ研究会訳『ロバート・バーンズ詩集』より）

その詩の朗読が終わると次の詩が誰からともなく朗読される。

わたしの心はハイランドにある

わたしの心はハイランドにあり、わたしの心はここにはない。
わたしの心はハイランドにあり、鹿を追っている。
どこへ行ってもわたしの心はハイランドにあり、

野鹿を追いかけ、小鹿のあとを追っている。
さようならハイランドよ、さようなら北の国よ、
「勇者」の生まれる地、「価値ある人」の国よ。
どこをさまよい、どこをさすらおうとも
わたしは永遠にハイランドの山を愛する。

さようなら雪をいただく高い山々よ、
さようならその下の広大な谷よ、緑の谷間よ。
さようなら林よ、生い繁る森よ、
さようなら早瀬よ、ごうごうと流れる川よ、

わたしの心はハイランドにあり、わたしの心はここにはない、
わたしの心はハイランドにあり、鹿を追っている。
どこへ行ってもわたしの心はハイランドにあり、
野鹿を追いかけ、小鹿のあとを追っている。

（ロバート・バーンズ研究会訳『ロバート・バーンズ詩集』より）

このような詩の朗読が五つ、六つあり、それが終わると、一人の男性が大きな包丁を持って現れ、ハギスの真ん中に大きなナイフをズブリと突き刺した。ナイフの端からジョボジョボと黒っぽい汁が滲みでて

きた。それでまた皆ワーっと歓声をあげた。そのあとは、ハギスとジャガイモとカブをマッシュしたものを大きな皿に盛り分けみんなで食べるのである。その間じゅうもハギスに捧げるバーンズの詩が朗読されるのである。

伝統的なハギスの調理法は、羊の胃袋のなかに羊の臓物、胃や舌や腸などを詰め込んで、塩、胡椒などと一緒に長時間煮込むのであるが、このうえないご馳走になる人もいれば我慢ならない料理と感じる人もいる。最近は若い人たちの好みに合わせたベジタリアンのハギスや子供の喜ぶ食べ物を用意するらしい。娘の家族は皆ベジタリアンだったので、ベジタリアンのハギスに、マッシュされたジャガイモやカブなどを盛り合わせてもらった。

さまざまなワインやウイスキーも出て大量のディナーを食べ終わると、バーンズとは関係のない音楽が流され、ダンスの好きな者はダンスを楽しむという段取りになっている。挨拶や詩の朗読でかなりの時間がかかるので、食べ物が出る頃には我が家の三歳の子は我慢ができず床にころがって寝てしまった。締めくくりは「蛍の光」で終わる。この曲はスコットランド人にとっても非常に大切な曲なのだ。

バーンズ・ナイトはこの小さなコミュニティにとっては大切な行事だと、参加してみて実感した。この日、スコットランド中で同じような光景が見られるのである。

このように人々から愛されるようになったロバート・バーンズを生んだ背景にはスコットランドの啓蒙思想がある。

十八世紀のスコットランドは教育に熱心だった。貧富の差を問わず全員が小学校に通えるように社会の組織ができていた。医学と法律を除くほとんどの分野は誰にでも開放されていて、意欲と意志さえあれば機会は与えられる制度ができていた。ロバート・バーンズの家は裕福ではなかったが、できる限り学校に通わせるという両親だったので、勉強好きなロバートはラテン語や英語ばかりでなく、軽視されがちだった自国語、つまりスコッツ語、ゲール語の勉強をした。そして民話や民衆の間で伝誦されていた詩や物語の収集を始め、スコットランドへの郷愁と愛着を詩の形で綴ったのだ。当時のスコットランドでは印刷技術が発達し、ロバートのように農民出身でお金もない普通の市民でも比較的安価に本を出版することができた。

最初の詩集「Poems-Chiefly in the Scottish Dialect」が出版されると大評判になった。英語でなくスコッツ語やゲール語で書かれたことや詩の内容も非常に郷愁的であったことが国民を夢中にさせたのだ。一応名が知られ才能が認められはしたものの、それで生活が楽になったわけではない。最初の出版が成功したのは三十二歳の時であったが、結婚して自分の子供が五人もいた上に私生児が九人もいたので、経済的には苦しくロバートは収税吏としても働かなければならなかった。その上心疾患という病気も併発し、借金を抱えたまま三十七歳の若さで亡くなってしまう。

ロバート・バーンズの人気は死後も高まり、バーンズ・クラブなども作られている。ストレイブンという娘家族が住んでいる小さな田舎町でも開かれるくらいだから、スコットランド人はバーンズの詩に描かれている郷愁や哀愁が強いのであろう。

これは後から分かったことだが、バーンズ・ナイトはスコットランドばかりでなく、スコットランド人の移民の多いオーストラリア、ニュージーランド、北アメリカ、カナダなどでも行われている。日本でも日本スコットランド協会などが開催しているという。知らなかったのは私だけだったかもしれない。

❖バーンズの詩と夜のなごみ春惜しむ

悲劇の女王、メアリー・オブ・スコッツ

知られざる観光名所ジェドバラ

イギリス本土からスコットランドへ行くのは非常に不便である。電車やバスは車の利用者が増えるにつれてどんどん減っている。イギリス東部から行く場合、スコットランドとの境界線に一番近い大きな町はニューキャッスル・アポン・タインである。そこから飛行機か電車かバスか決めなければならない。いずれにしても一晩は泊まらなければならない。グラスゴーに住む娘の所にどうやって行こうかと思案している時、ロンドンからのバスに乗り合わせた一人の中年の男性がこう言った。

「もちろんバスで行きなさいよ。それが距離的には一番早くグラスゴーへ着くよ。それにそのバスはジェドバラを通るし……。ジェドバラで一晩泊まって観光してください。スコットランド人以外の人達はあまり行かないけど観光名所の一つなんですよ。ジェドバラはメアリー・クイーン・オブ・スコッツが愛人と逢い引きした所で由緒ある町なんですよ」

「メアリー・クイーン・オブ・スコッツ？　どうしてクイーン・メアリー・オブ・スコットランドでなくて？」

「それは難しい質問だなあ」と言って、その中年の男性は頭を抱えたが、こう答えた。

「それはね、その頃は今のようなスコットランドという国はなかったんだよ。スコットランドというのは

スコット人のランド、つまり土地、つまり国という意味なんだ。スコット人はもともとは権力争いが激しかったアイルランドから来た敗北者の移民なんだ。その頃のスコットランドは一番下に一般市民がいて、その上に氏族がいて、氏族の上に藩士がいて、その上に「王」と呼ばれる氏族のリーダーがいて、その頂点に氏族をまとめるもっとえらい王様がいた。彼はハイ・キング、つまり最高位の王様と呼ばれていたんだよ。だから、その当時の正式な呼び名はハイ・クイーン・メアリー・オブ・スコッツというのかな。つまり、スコット人の一番高い位にいる女王ということだよ」

なるほどと納得し、その男性に心からお礼を言ってバスの停留所に向かった。それほど歴史的に価値のある町なら是非寄ってみよう。

クイーン・メアリー・オブ・スコッツは悲劇の女王として、スコットランドではボニー・チャーリーと同じく誰からも同情されているという印象がある。彼女もまたイングランドによるスコットランド合同政策過程の犠牲者のようだ。そして聞けば聞くほど、こんな不運な女性はいないと思えてくる。

当時のスコットランドではスチュワート家が王位を代々受け継ぐことになっていた。メアリーは一五四二年、スコットランド王ジェームズ五世とフランス貴族ギーズ公家出身の王妃メアリー・オブ・ギーズの間に長女として生まれた。メアリーが生まれる以前に長男、次男が生まれていたが早くに亡くなり、またあろうことか父親まで亡くなってしまった。メアリー以外に王位継承権のある者がいなかったので、メアリーは生後六日で王位を継ぐことになった。摂政にはジェームズ・ハミルトンが就いた。しかし、スコットランドとの連合を画策していたイングランド国王ヘンリー八世は、メアリーに当時皇太子だったエドワード六世との婚約を迫ってきた。それを回避するために、メアリーは母親と共にスコットランドを去り、フランスに逃れた。

メアリーは、母と共にフランス宮廷に住み、フランス語を話し、フランスのマナーを教えられ幼児時代を過ごした。十六歳になった時、当時のフランス王アンリ二世の皇太子フランソワと結婚。しかし二年後に夫のフランソワが病死してしまう。そこで翌年、スコットランドに戻って行った。メアリーは十九歳だった。彼女は生後六日目にスコットランドの王位を継いでいたが、十九歳になるまでスコットランドのことは摂政にまかせ、フランスで結婚し、夫を亡くしていた。

スコットランドでは間髪をいれず再婚の話がもちあがったが、イングランド女王エリザベスや大勢のスコットランドの側近から反対され結婚は成立しなかった。一五六五年、二十三歳になった時、ダーンリー卿ヘンリーとの結婚に同意した。しかし、メアリーは宮廷音楽家で彼女の秘書でもあったデイビッド・リッチオと恋に陥った。しかし一年もたたぬうちに発覚し、デイビッドは彼女の目の前で暗殺されてしまう。翌年にはなんと夫ダーンリー卿も殺された。

数ケ月後にはボスウェル伯と結婚したが、メアリーが夫殺しに関わったのではという疑惑を持たれ多くのプロテスタントが反乱を起こし、メアリー支持のカトリック教徒と交戦した。結果は女王軍の敗北に終わり、メアリーは一ケ月後に王位を剥奪された。身の危険を感じたメアリーはイングランド王エリザベス一世の元に逃れた。エリザベス一世とメアリーは従姉妹同士だったのでエリザベスを頼ったのだが、思惑違いで幽閉されてしまう。エリザベスがイングランドの王位を継承した時、メアリーは自分の方が継承者としてよりふさわしいという申し立てを過去にしたことがあったからだった。それ以来、エリザベス一世の側近達はメアリーの言動に目を光らせていたが、ついに一五八七年にエリザベス一世暗殺の陰謀に関与した嫌疑をかけられ、処刑されてしまった。四十四歳だった。

彼女にはダーンリー卿ヘンリーとの間に生まれた男子ジェームズ六世がいた。残されたジェームズは母親メアリーの廃位後王位を継いでいたが、まだ一歳一ケ月だったので国の統治は摂政に任されていた。ジェームズはイングランドに連れていかれて、十四歳になるまでプロテスタントとして育てられ、高い教育を受けていた。エリザベスは結婚をしていなかったので、ジェームズが唯一の世継ぎになってしまった。

メアリーは意味ありげな最後の言葉「わが終りにわが始まりあり」を残してこの世から消えたが、この予言のような言葉は現実になった。メアリーを処刑したエリザベス一世は亡くなる前にメアリーの一人息子のジェームズ一世が後継者になるように遺言を残していたのだ。しかしジェームズは、母メアリーがスコットランドを追放された後、名目上の王となり、ジェームズ六世と呼ばれていた。しかし、エリザベス女王の亡き後、後継者のいなかったことから、ただ一人血の繋がった後継者として、またエリザベス女王の意向にもよりイングランドの王を兼ねることにもなった。これによって、スコットランドとイングランドは王室合同となり、新しい歴史を踏み出すことになったのである。

しかし、スコットランド側には不満が残った。まず王の呼び方に異議を申し立て、苦肉の策としてジェームズ・イングランド一世・スコットランド六世と呼ばれることになり、スコットランド、イングランド、アイルランド三国の王として君臨することになった。このようにして、スコットランドの王家のスチュワート家の血筋がイングランドの地で継続されることになったのである。

話はバス停に戻るが、私は中年の男性にお礼を言って別れると、バスの時間を調べるために停留所に行った。しかしジェドバラへのバスは一日に一本しかなく、その日のバスはもうすでに出てしまったとのこと。仕方なくもう一晩ニューキャッスル・アポン・タインに泊まることにした。

翌日、一本だけのバスに乗ってジェドバラについた。ジェドバラはイングランドとの境界線近くにある町で、昔はたびたびイングランドからの侵入があったり、スコットランド内の宗教戦争の場になったりして戦禍に見舞われ、殺伐としていたが、戦争のない今は静かで、塵一つ落ちていない綺麗な観光地と化している。

ジェドバラ修道院
宗教革命の時に壊されたままになっている

メルローズ修道院

ジェドバラの郊外

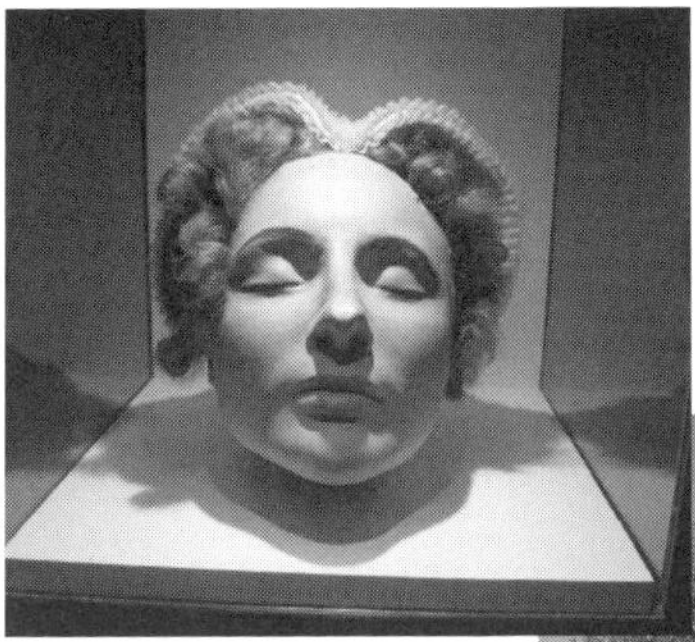

クイーン・メアリー・
オブ・スコッツ

メアリーが住んで
いたという家

メアリーの像の
前で

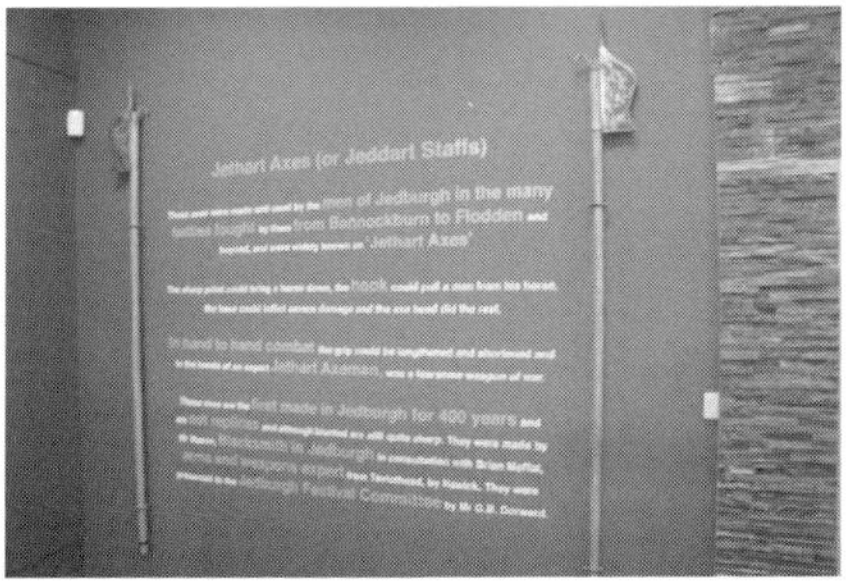

メアリーの時代の武器

ジェドバラ修道院はスコットランド王デイビッド一世の命で一一三八年に建てられた。スコットランドの誇りをイングランドに見せたかったのである。この町の観光スポットになっている修道院は度重なる戦禍で半分崩れかかっているが、スコットランド政府は建て替えるつもりはないようだ。

かつてこの町には城があったが、今は城内にあった刑務所だけが残っていて博物館として公開されている。当時は貧富の差が大きく、盗みを働く子供が捕らえられここに投獄された。大抵は食べ物の盗難で捕ったらしい。子供達は捕まるとまず身体中を洗われ、洗濯済みの洋服を着せられ食べ物を与えられた。そして基礎的な教育もしてもらったらしい。刑務所に入った方がマシな生活ができたようである。

メアリー女王が滞在していた家にも立ち寄った。決してエレガントな家ではなく、窓も小さく、ただ頑丈な建物であった。中の部屋も隠れ家としてはぴったりだが、さぞ狭苦しかっただろうと思った。メアリーの滞在はわずか一ケ月ぐらいだったらしいが、ここもメアリーの悲劇的な一生を語る博物館に変身し、観光客にその歴史を伝えている。

また一晩待って、娘のいるグラスゴーまでバスに乗った。途中の景色は素晴らしかった。なだらかな丘が続き、家々も鄙《ひな》びていて景色の中に溶け込んでいる。広々とした牧場に放し飼いになっている羊も可愛かった。我々もクイーン・メアリー・オブ・スコッツ好きだよ、同情しているよとでも言いたげに無心に口をもぐもぐさせていた。

❖秋の風メアリー悼む羊どち

スコットランド史の汚点「グレン・コーの虐殺」の地を訪ねる

スコットランドで最も美しい景色

娘達がグラスゴーの近くの農場を購入し、牛小屋を和太鼓の道場に改造して演奏活動を始めてから十三年後、長男バックスターが生まれた。私はベビーシッターとして、グラスゴーを訪れる機会が多くなった。

ある日曜日、娘が言った。

「今週末、しばらくぶりに時間ができたからちょっとドライブに行かない？　せっかくスコットランドに来ているのに、どこにも連れて行けなかったけど、たまにはスコットランドの景色を見るのもいいんじゃない？」

いつも忙しい娘にしてはとても珍しいことなので私はもちろん大賛成だった。

「スコットランドでは一番景色がいいって言われている所で、グレン・コーっていうの。そんなに遠くないし……山が聳え立っていてとても素敵なのよ。バックスターのためにもいいんじゃないかしら」

孫のバックスターも二歳半になったばかり。ドライブしてちょっと歩くというのは、歩く練習をするバックスターにも散歩したい私にとっても最高だった。

運よくその日は晴天で清々しい春先の日曜日だった。

グレン・コーとはゲール語で「嘆きの峡谷」という意味になる。グラスゴーから北へ車で三時間ぐらい

グレン・コー

のところにある。途中の道は低い山々の間を通っていくので、曲がるたびに変わる景色は息を呑むような美しさだ。

グレン・コーはスコットランド全体ではハイランドの南西部にあたる。スコットランドには高い山が少ないが、グレン・コー峡谷まで来ると突然に高い山が聳え立ってきて、道も曲がりくねり険しくなってくる。**Ben Nevis 4413 ft. highest mountain, Glen Nevis 2300ft. highesdt cliff**（絶壁）, **Loch**（湖）**Linnhe, Meall a Bhuiridh (it lies near the top of Glen**（峡谷）**Coe**）, **Rannoch Moor**（原野）などが広がっている。時々車を止めて、谷間を眺めたり散策したりのゆっくりしたドライブだったので、美しい山並みや谷間に横たわる池のある景色を楽しむことができた。二歳半のバックスターはやたらに歩き回りたがり、遠くの景色には関心がないようだった。車は丘にかかると下界が一面に広がり、山をだんだん登っていくという感じになる。頂上に近い山々は一つ一つに区切りがあって、如何にも山々という感じをかもしだしているが、そこから下の谷間も見下ろすことができ、その深さは「すごい」という感じだ。

グレン・コー峡谷の山の頂上には車が何台も駐車している。そこは「三姉妹」などという優しい名前の山々が突き出ているところで、谷間は深い。谷間に観光客が何人も下りていくのが見える。バックスターも私の手を引っ張って下へ下りようとするのだが、かなり急な坂道だ。大変な思いで下りて行った。よくこんな険しいところに人が住めたものだと感心した。今は、スコットランドのナショナル・トラスト（自然美を保護するための団体）の所有になっているが、一六九二年の頃は虐殺の犠牲になったマクドナルドの一族が住んでいたという。今は見渡す限り険しい山肌しか見えないが、昔はここに村があったのだ。頂上からは村らしきものは何も見えなかった。

悲しい事件の舞台

この美しいグレン・コー峡谷は、スコットランド史上最悪の事件のひとつ「グレン・コーの虐殺」の舞台となった場所である。この事件を知らないスコットランド人はいないが、話を聞くと背筋がぞっとする。虐殺があったのは一六九二年。日本では江戸時代の鎖国の真只中である。ヨーロッパではポルトガルやスペイン、フランスが勢力を伸ばし、イングランドは押し出されつつあった。しかし、イングランドはほぼ一〇〇年前に東インド会社を設立してインドの植民地化が完成に近づいた時でもあった。

当時のスコットランドとイングランドは、一六〇三年にスコットランド王のジェームズ六世がイングランドの王に迎えられジェームズ一世を名乗るという同君連合（王室合同）を結んだ。しかし両国はうまくいっていたわけではなかった。実際にはイングランドがスコットランドを統治するような形になっていたので、スコットランド人の中にはイングランドに抵抗し合併されるのをこばむグループ、ジャコバイトもかなりいて、イングランド合併に反対するグループと賛成するグループとの間でたえず小競り合いがあった。

ジェームズ六世・一世がイングランドのロンドンに移って間もなく、イングランドでは清教徒革命が起っていた。そして一六二〇年に清教徒が初めてアメリカのニューイングランドに移住した。一六二六年にジェームズ六世・一世は亡くなり、息子のチャールズが王になった。チャールズがフランスのルイ十三世の妹と結婚しているのを承知しながら、イングランドはフランスとの戦争を始めるのである。

一六九二年、イングランドは名誉革命を成功させ、カトリックであったジェームズ二世をフランスに亡命させ、プロテスタントのウィリアム三世の時代になっていた。ウィリアム三世は北方のスコットランド人のイングランド合併に反対する氏族たちの度重なる謀叛や暴動に悩まされていた。同時にフランスとも戦争をしていたので、その戦争のためにも大勢の兵士が必要だったが、自国の謀叛や暴動を鎮めるために大切な兵士を使いたくなかった。とはいえ大敵フランスとの戦いには大勢の兵士を送り込む必要があった。それで考えついたのが自分に忠誠を誓わない氏族を厳しく罰するということだった。そのかわり自分に忠誠を誓う者には高額な金銭を与え、土地の所有権を買うことができる資格を与えることを約束したので、ほとんどの氏族は忠誠を誓うことをそれとなく約束していた。というのは、当時のスコットランドではお金があれば土地が買えるわけではなく資格も必要だったので、その資格を得られることは大変な得策だった。期限を一六九二年一月一日までとした。当時のハイランドのほとんどの氏族は直ちに忠誠を誓うべく調印をしたのだが、遠く離れたグレン・コーのマクドナルドの氏族には知らせが届くのが遅かった。彼等は忠誠を誓う準備をしてはいたのであるが、様々な不運が重なって調印に間に合わなかったのである。

制裁を与える役を命じられたのが氏族の一人キャンベルであった。キャンベルは氏族とイングランドとの仲立ちの役をしていた。マクドナルドはハイランドで最有力氏族だった。キャンベルとマクドナルドの領地は隣接しており普段から小競り合いが絶えなかった。お互いに常に敵対意識を持っていたので、マクドナルド氏族を制裁することには何の躊躇もなかった。

キャンベルはまず手勢の兵士をマクドナルド家に送り込み、イングランド政府からの最終的な指令を待つように指示した。その間約二週間余り、マクドナルド家にハイランド最高のもてなしを強要し、毎晩パーティを催させた。そうこうしている間に最後の指令が届いた。内容は二月一日にマクドナルド氏族全員を虐殺するということだった。

二月一日朝五時、マクドナルド一族がまだ床の中にいる時、キャンベルの兵士達が襲いかかった。そこで手にかかったのは三十八人。男性、女性、子供の別なく虐殺された。幸か不幸かその日はたまたま猛吹雪で、グレン・コー峡谷の村の出入口を封鎖せよという指令を実行する兵士が吹雪で到着していなかった。猛吹雪の中を三〇〇人ほどのマクドナルド氏族は逃げ出した。寒さで凍死する者も出たが、奇跡的に逃げ出せた者もいた。その中にマクドナルドの息子が二人、孫が一人いた。さらに生き延びた者の口からこの事件の顚末が世に知られることとなったのである。

このような凄惨な話を聞いた後、一瞬この美しい景色が酷い景色に見えてきてしまったが、今、この渓谷は大勢の観光客を引きつけ、目の前に聳える山にはスキー場も作られて、リフトは夏でも運行している。この素晴らしい景色が虐殺の舞台だったとは皮肉なことである。

帰ってきてからいろいろ調べたところによると、スコットランドでは一二九六年から少なくとも十三件の大なり小なりの虐殺があったという。人間というのは自分の権力を維持するためには他人の命を何とも思わなくなることがあるのかもしれない。

❖冬風にあおらる峡谷なお偉観

スコットランドの英雄、ウィリアム・ウォレスのお祭り

ある時、娘のパートナーのニール・マッキーからジェームズ・マッケイ著『ウィリアム・ウォレス』という分厚い本をプレゼントされた。ニールの父親はスコットランド人であり、スコットランドに住む者でウィリアム・ウォレスの名前を知らない人はいない。そして悪く言う人はいないほど愛され尊敬されている英雄である。

彼を有名にしたのは一二九七年のスターリング・ブリッジの戦いでイングランド軍を敗ったという事実だ。スターリングは、娘達の和太鼓グループ「無限響」の道場から車で三〇分もかからない。

五月のある日曜日、スターリングにあるウォレス記念塔で開かれるウォレス祭りを見に行くことにした。スコットランド中部の河港都市スターリングは今は観光地として有名になり、博物館、休憩所なども整備され、道路標識もわかりやすく気持よくドライブできる。私たちが行った日は天気も良くお祭り日和だった。ウォレス記念塔は十九世紀に建てられたものだが、なるべく古く見せるようにとゴチックスタイルで出来ている。砂岩で出来ているが六七メートルもの高さがあり、しかもスターリングの中心の丘の上に立っていることから、かなり遠くからでも見ることができる。

記念塔の近くではスターリング・ブリッジの戦いの再現劇が繰り返し演じられていた。子供達は弓などを使ったゲームに興じたり、当時の衣装を身につけてコスプレしたり、人に慣れたハヤブサを腕や肩に乗

せてもらったりと、次から次へと飽きさせない工夫がされていた。

イングランドへの恨み

ウォレスが活躍していた十三世紀にはスコットランドという名の国は存在していなかった。当時は国というよりは部族の集まりのような状態であって、それら部族のまとめ役であった王も王位の争いの結果家系を絶やしてしまい空白状態になっていた。それはスコットランドの土地を略奪しようと企み、つねに挑発していたイングランドにとっては好都合であった。その頃はイングランドが優勢で、スコットランド王国はイングランド王国を宗主国として認め、忠誠の契約をしなければならない状況だった。スコットランド王リチャード一世は金銭を貢ぐことによって忠誠の契約を破棄することができたが、依然として二国間には緊張感が続いていた。そんな時、スコットランド王リチャード一世が世継ぎのないまま亡くなり、また王位継承問題でいざこざが絶えなくなった。とうとうスコットランドの貴族達はイングランド王に仲裁を願い出た。当時のイングランド王エドワード一世は、王に忠誠を誓っていたジョン・ベイリヤルをスコットランドの王にと裁定した。しかしエドワード一世はベイリヤルが忠誠を誓ったのを利用してフランス攻撃の資金を調達するようにと難題を吹っかけた。ベイリヤルはそれに嫌気がさしてエドワード一世を裏切り、イングランドに侵攻するという行動に出た。

直ちにエドワード一世の反撃にあい、ベイリヤルはフランスに追われ、またまたスコットランド王は空位の状態になった。空位の状態の時はイングランド王がスコットランドを統治するという形になり、スコットランドのあちこちにイングランド人の保安官が滞在することになった。ある日、ちょっとしたいざこざからウィリアム・ウォレスがイングランド人の保安官を殺してしまった。エドワード一世の傀儡《かいらい》王といわれていたベイリヤルの統治下にあったスコットランド人は高い税金を課せられたり、いろいろな面でイ

ウォレス記念塔

記念塔からスターリングの町を見下ろす

スターリング橋
いまは石造だが
昔は木造

祭りの日にはスターリング・ブリッジの戦いの
再現劇がくり返し上演される

当時の刀はとても
重い

記念塔では当時の衣裳
をつけて遊べる

ングランドに不満を持っていた。その上、仮に傀儡であってもベイリヤルは自分たちの王である。その王がフランスに追放されたことについても不満であった。

こうした積もり積もった不満が爆発してウォレスは保安官殺害に至ったのかもしれない。それに対して黙っているエドワード一世ではなかった。一万人もの兵士を引き連れて襲撃をかけた。一二九七年九月十一日のことだった。スコットランド側はたったの三〇〇〇人だったが、勝ったのはなんとスコットランドだった。この戦いはスターリング・ブリッジの戦いと言われ、スコットランド側の戦略は後々も様々な戦いの際に使われ語りつがれている。ウォレスは襲撃の前にその丘からイングランド兵の行動の一部始終を見ていた。スターリング・ブリッジの戦いの再現劇で常にウォレスと共に戦ったアンドリュー・モレイとの会話を再現する。


「もう攻撃してもいいか」

「まだダメだ」

「もういいだろう」

「もう少し」

「今だ！」

「それ、今だ！」


スターリング橋は狭くせいぜい三人くらいしか通れない。これを利用してこの橋を渡るように仕向けたのだ。イングランド兵の半分ほどが渡り終わったところでスコットランド側は攻撃を始めた。イングランド兵は橋を渡り終わったところで先に送られた歩兵が、そして騎兵隊が殺された。狭い橋は大勢のイングランド兵の重みで壊れ、兵士達は次々に川に落ちて溺れ死んだ。

この戦いを含むイングランドとの戦争を第一次スコットランド独立戦争と言うが、スコットランドに住んでいる人達全てがウォレスを支持していたわけではなかった。エドワード一世につくものもかなりいた。その頃は一国としての国家意識は強くなかったから、その時の状況によってイングランド側についたり、スコットランド側についたりと日和見《ひよりみ》的な人達もかなりいたのだ。とくにスコットランドの貴族と言われる人達にその傾向が強かった。

スコットランドは地理的にはかなり広い。イングランドとの関係からもローランドとハイランドと次第に格差が出てきた。ローランドは地理的にも高い山などはなく、平坦で農業に適しているので人々の暮らしも次第に豊かになっていった。イングランドに近いこともあって、言葉も英語を使い、できるならイングランドに属したいと思う人達も出てきていた。そしてイングランド側に迎合することによってローランドには大貴族が増えつつあった。一方ハイランドでは、イングランドに反抗する者が多く、イングランドを受け入れようとしない、この抵抗が反発を呼び、ハイランドは貧困で野蛮で未開だと見下されるようになった。

スターリング・ブリッジでの戦いはスコットランドの勝利に終わったが、エドワード一世が黙っているはずもなく、翌一二九八年六月、約二万五〇〇〇人の連隊を組んでスコットランドに攻め入った。これがフォルカークの戦いである。今度はウォレス側は六〇〇〇人の兵力で戦うことになった。この時騎兵隊を率いる貴族がウォレスを見捨てて撤退したため、騎兵抜きの戦いを余儀なくされたウォレスは大敗を喫することになる。大勢のスコットランド兵が殺され、ウォレスは追われる身となった。

スコットランドに戻ったウォレスをエドワード一世は執拗に追撃した。とうとう一三〇五年八月、かつての部下の裏切りにあい捕らわれの身となり、一三〇六年に歴史に残る最も残虐な方法で死刑になった。エドワード一世は残虐刑を課せば、恐怖のあまりスコットランド人は以後反逆しないだろうという魂胆だったのだが、そうはならなかった。ウォレスの意志は引き継がれ、翌年ロバート・ザ・ブルースがゲリラ戦に踏み切り、ついに一三一四年、バノックバーンの戦いでイングランド軍を破り、ロバート一世としてスコットランド王となったのである。

実はロバートの祖父は、エドワード一世が傀儡王としてベイリヤルをスコットランドに送ってきた時、自分こそスコットランドの法に即して王の資格があると主張して反旗を翻していた人物だった。だから、その曾孫のロバートが王位を取ってもスコットランドの人達はごく自然の成り行きとして受け入れた。そしてついにイングランドもこの時からスコットランドを独立王国として認めることになったのである。

この頃からスコットランド人は独立国としての自覚を持ち始めた。現代のスコットランド人はこの時代の建国精神や愛国心を原点として大切にしようとしているように見える。特に最近のイングランドからの独立を主張するような事情の中では、愛国心が深まるのは非常に大切なことに違いない。このウォレス祭りを通して、何とたくさんのスコットランドの歴史を学んだことか。私にとってはありがたいことであった。孫たちも楽しく学んだに違いなく、自国の歴史を忘れないで成長していくだろう。

❖冬の川今なき橋の影写し

スカイ島の湖に浮かぶ幻想的なアイリーン・ドナン城

娘夫婦がプレゼントしてくれた三泊四日のツァー旅

スカイ島はヘブリディーズ諸島のなかでも景色が抜群に美しいことで有名である。三週間のベビーシッターが終わった後のお礼にと、娘夫婦がスカイ島への三泊四日の旅をプレゼントしてくれた。

スコットランド中西部のスカイ島は非常に遠い。列車も通っていないし、ローカルバスではかなりの時間がかかる。それに十一月だったからシーズンオフで、観光客が行きそうな所はほとんど閉まっている。それでもこの機会を逃せばもう行けないかもしれないと思い、行くことにした。一人旅にはツアーバスという便利なものがある。夏場よりは本数も少ないが、グラスゴーから出ているのは好都合だった。

ツアーだと、宿泊先を自分で苦労して見つけるという楽しみがなくなるが、ベビーシッターの仕事で忙しく働いた後の骨休みという意味ではありがたかった。

私が宿泊したのはホステルのような所だったが、そこに泊まったのはツアーのメンバーの中では私一人だけだった。ヨーロッパからの旅行者が多く、他のツアー客は二人、三人と小グループでそれぞれ泊まる所が違っていた。ツアーの始まる朝、彼等をピックアップしながら町中を回っていくのもまた観光のひとつのようだった。

ヘブリディーズ諸島最大のスカイ島には、五八〇年頃キリスト教布教のためアイルランドから聖ドナンと五〇人の修道士が渡ってきたという記録は残っているという。そのドナンは、島が海賊の襲撃にあった時、五〇人の修道士と共に殺害されたという史実があることから、人々はこの島をドナンの島と呼ぶようになったという。アイリーン・ドナンとはドナンの島という意味だそうである。

ツアーバスは景色の美しい所、有名な観光地へ連れて行ってくれるので、私のように車のない一人者にとってはありがたいが、どんどん通り過ぎて行ってしまうので物足りない思いも残る。ある有名な湖を訪れる途中、山道の地面に積もった雪が凍っていたので、バスで登るのは危険と言われた。十一月はもう冬なのだ。我々乗客は降りて、つるつる滑る氷道を手を取り合って歩いた。今回の旅の中で一番の冒険になってしまった。

ツアーは三日間で、毎日違う景観を見せに連れて行ってもらったのだが、最後の日に訪れたアイリーン・ドナン城は、旅行案内書にあるとおり圧巻の景観だった。

この城の歴史はスコットランドの長い複雑な争いの歴史に通じるものがある。最初に城が建てられたのは十三世紀で、アルバ（スコットランド）の王アレクサンダー二世が、その頃手こずっていたヴァイキングの襲撃に対抗するために建てた城だという。

アイリーン・ドナン城というのは、ドナンの島の城というその名前のごとく、城が建っているところは小さいけれど島なのだ。我々のツアー・ガイドはアルというベテランで、島の歴史は知り尽くし、語り尽くしているという風でさらりと話してくれるのだが、それを要約するとこうである。

アレクサンダー二世の信頼を得、国を守るために城を建てるようにと言われたのが、その地域のチーフであったマターソンの息子であった。後にその島はマッケンジー氏族の牙城になったが、他の氏族からの主権主張の攻撃があり、血なまぐさい戦いなどもあったが、マッケンジー氏族が権利を保ち続けることが出来た。そんな戦いの時に婚姻関係もあって、常時たよりになる支えとしてマクラエ氏族と近い関係を結

アイリーン・ドナン城　ハイランドで最も美しい城といわれている

スカイ島の雄大な自然

ガイドのアルさんと

ハイランドの牛

ぶことになる。

それから二世紀の間、十六世紀になるまで様々な持ち主の手を経て、結局クリストファー・マクラエに任せられることになった。その後もマクドナルド氏族、その他からの攻撃が多々あったが、クリストファーの息子の時代になって、少しは落ち着きを取り戻したようだった。十七世紀になって、イングランドで内戦があり、チャールズ一世が殺されるという事態になった時、イングランドから守備隊を送ってきて、アイリーン・ドナン城は要塞のように使われるようになり、島の住民はそれを好まなかった。やがて、十八世紀になってイングランドに包有されるのを嫌うジャコバイトの反乱があって、それがスペインやフランスをも巻き込むような戦いになり、ついにイングランド海軍が二日がかりで爆弾を投げ込み、城を完全に潰してしまった。

それから二〇〇年間、城は潰されたまま誰も手をつけようとはしなかったが、二十世紀になって、マクラエ氏族が買うことになり、城の再建にとりかかった。再建の際に莫大な費用がかかったので、有意者からの寄付だけではとても間に合わず、ギルトラップというジョン・マクラエの妻の苗字も使うことを条件に妻の家族がほとんどの費用をまかなうことを申し出た。ギルトラップ家はビールを作るモルト工場を造り、成功し財産を作り上げた一族だった。

一九一九年から一九三二年の間に工事が行われ、一九五五年に公開されることになった。城そのものはそんなに古い建物ではないが、新しく持ち主になったジョン・マクラエ・ギルトラップと、やはり同氏族の一人であるファーカー・マクラエが再建にあたったようである。それに先立って、ファーカーの夢に以前に建てられていた城がはっきりと現れ、雇った建築家にその夢のままの城を建てるように指示したというエピソードがある。

我々が訪れた時はシーズンオフでもあり、雨は降ってはいなかったが、雨上がりのような天候だったので、遠くの景色は全然見えなかった。しかし、だからこそ余計に幽玄さが感じられ、いくら見ても見飽きなかった。ガイドのアルは私が一人でいるのを気にして、何かと話しかけてくれるのだが、私はアイリーン・ドナン城の美しさに酔いしれていたので、一人でも寂しくはなかった。

このお城には人が住んでいるのかアルに聞いてみた。スコットランドにある他のお城と同様、最初から家族が住むように作ってあるそうである。城はほとんど石で作られているのだから決して快適というわけではないのだが、台所、ダイニング・ルーム、ベッド・ルームがあるのだから人は住んでいたのだろう。今の持ち主のマクラエ・ギルトラップ家の家族もサマー・ハウスとして毎年来るそうである。持ち主であるジョンさんは子供の頃、電気もないし、お湯も出ないような生活で決して快適とは言えないが、いろいろな冒険が出来る家だったので楽しい時を過ごしたと手記に書いているが、それは本当かもしれない。

三泊四日のツアーはあっという間に終ってしまった。しかし、行きたい所には自由に行けず、もっと長時間いたいのに、それは許されずという実に制限された旅になってしまった。次回は是非自分で移動手段を確保して自由に動こう。そうすれば、景色の美しい海岸沿いを歩き、人々の生活などにも耳を傾けることが出来るかもしれない。

この旅行をプレゼントしてくれた娘夫婦には感謝したが、今度は一緒に車で行こうと誘ったら、大いに賛成だという。彼らも行きたかった所なのだという。次回はシーズン中に行きたいものだ。

❖幽玄さ増して気高き冬の城

ストーン・サークルに魅せられたルイス島の旅

アメリカの住まいにもスコットランドの匂いが残っている

私のアメリカの住所はチェヴィ・チェイスといい、ワシントンDCの中心地から車で三〇分の所だ。元々この周辺一帯の土地は一人の地主のものだったのだが、人の手から人の手に渡り、地主の家族で分け合った結果、一人の分け前がチェヴィ・チェイスという一つの町になるくらいの大きさだったらしい。その初代の地主はスコットランドのローランドに住んでいたスコットランド人で、その頃はまだイングランドとスコットランドの仲が悪く、土地を巡って戦争を繰り返している時だったので、戦争を早くやめて仲直りしてくれるようにという祈りを込めて、ローランドの一つの町の名前チェヴィ・チェイスをアメリカでもつけることにした。それから時代が変わり、スコットランドとイングランドは連合王国になり、ローランドの町は名前が変わってしまったが、私の住む町チェヴィ・チェイスの名はそのまま残った。

このように、アメリカに住んでいるとあちこちにスコットランドの影響が残っていることに気づく。私の好きなアメリカの音楽、カントリー・ウェスタンはアルスター・スコッツの民族音楽の影響を受け、ブルース、ジャズなどに発展していったという。ゴスペルソングはルイス島の長老教会（Presbyterian=プレスビィテリアン）の音楽に影響されたという。元になった長老教会の賛美歌は今でもルイス島で歌われている。それもゲール語で。ルイス島は今でも日常生活でゲール語が使われている地域の一つなのだという。

ゲール語はすっかりは無くならなかったのだ。

ベビーシッターの役目が終わったので一週間休みを取りルイス島に行ってみることにした。ゲール語ってどんな言語なんだろうか？　アメリカで発達した音楽、特に黒人が好んだ音楽に影響を及ぼした長老教会の賛美歌はどんな歌なのだろうか？

旅行者に親切なルイス島

ルイス島はスコットランドの北西にあるアウター・ヘブリディーズ諸島の一つである。スコットランドをハイランドとローランドと二分すると、ルイス島はハイランドに属する。ルイス島の天候は不順で晴れの日が続くのは稀なのだそうだ。それなのに、私が行く予定の時期は天気予報で一週間晴れとなっていた。そんなことは滅多にないのでその週を狙って出かけるべきだと後押しされて出かけることにした。

グラスゴーからバスでアラプールまで行き、そこからフェリーで三時間弱でストーノウェイへ着く。ストーノウェイはルイス島最大の町である。と言っても人口は約二万人しかいない。泊まる所は Airbnb で比較的安いところを見つけた。フェリー乗り場から歩いて十五分と書いてある。たった十五分ならと町の中心に向かって歩いていったのだが、どうも静かすぎる。教会やホテルらしき建物はあるのだが、人がいないのだ。ようやく見つけたカップルに、私が泊まるホテルまでどう行けばいいか聞いてみた。

「どれどれ」とレストランの窓からの明かりに私が差し出した紙を見ていたが、「説明するのは難しいな。ちょっと待っていてくれれば、ぼくたちの車で連れて行ってあげるよ」と親切に言ってくれた。すぐに旦那様らしき人は自分の車を取りに行き、奥様の方は近くのＡＴＭにお金をおろしに行った。私は道端で彼らを待った。

「距離的には近いんですが、道が真っ直ぐじゃないから、ちょっと説明しにくいんですよ」

ストーノウェイの港

島ではニシンがたくさんとれた

ストーノウェイの老人たち

車を走らせるとそう言っていたのだが、あっという間にホテルに着いてしまった。そこはホテルではなく、部屋を旅行者に提供している普通のアパートだった。アパートの前で降ろしてもらっただけでも嬉しかったのに、「大変でしょう」と言って、私の荷物を二階まで運んでくれた。本当に助かった。私一人ではとうてい見つけられなかっただろう。旅行案内書によれば、ルイス島の人達は、旅行者に非常に親切だという。着いてすぐにこんなに親切にしてもらって感謝した。

私の予約した「ホテル」は三部屋の小さなアパートで、持ち主のスコットさんは客がいない時はそこに一人で住んでいる。客がある時には近所に住むお母さんの家で過ごすのだという。スコットさんは昼間は役所でフルタイムで働いていて、このアパートは将来のためのサイドビジネスだそうだ。

私の泊まる部屋は二階で、ベッドルームとバスルームがある。客は私一人だったので快適だった。

翌日は予報通り快晴。時間を無駄にしないように早速町の中心へと歩き出した。ところが私が立っている道路の標識や真向かいにある大きな建物の看板が読めない。英語ではないのだ。その建物の前をカメラを持った中年の女性が行ったり来たりしているのが目についた。思い切ってその女性に聞いた。

「この建物は何ですか？　あそこには何て書いてあるんですか？」

「あのサインはね、ゲール語なんですよ。だから他所の人には分かりづらいでしょうね。ここは助けが必要な人達を助ける機関なんです。あの建物は老人ホームです。訪問者が出たり入ったりしてますけど……時に貴女はどこから？」

「アメリカです」

「アメリカのどこ？」

「ワシントンです」

「まあ、あのトランプの？」

「ええ、そうですけど」

「トランプの母親はこのルイス島出身だっていうのご存知？」

着いたばかりなので、何か冷やかされているのかと思った。

ドナルドというのはゲール語でジョンというのだそうだ。トランプはゲール語にはないので、そのままだそうだが、ドナルド・トランプはジョン・トランプと呼ばれているそうだ。

「お母さんは若い時にアメリカに移民として渡って行ったのよ。ルイス島の田舎の方に今でも彼女の親戚が住んでいるのよ。だけど、ここの人たちはトランプの家族のことについては話してはいけないことになっているの。だって、みんながトランプの親戚の家を訪れるようになったら大変でしょう？」

そこまで言ってから、

「ごめんなさい。今仕事中なの。またいらっしゃい。もっといろいろルイス島について教えてあげるから」とカメラを抱えてそそくさと建物の中に入って行ってしまった。

私も歩き始めた。町の中心までそれほど距離はないのだが、途中で珍しくて面白そうなものが見つかる。私が歩いているのは住宅街だと思っていたが、「McLeod & McLeod」と看板のかかっている肉屋の前に出た。ルイス島は昔牧畜が盛んで牛肉の生産は島の大切な収入源だった。当時の地主は、お金になる牛や羊を飼うために、それまでの小作人の住居を取り上げ牧場にした。これをクリアランス（清掃）と言い、その住居から追い出された住民のほとんどがアメリカに移住しなければならなかった。牧畜のそのビジネスを牛耳っていたのがマクレオド氏族だったのだ。マクレオド氏族はお金になる牛肉ビジネスを始めたと

昔から続く牛肉専門店

いうことに誇りを持っている。そして今でも当時と同じやり方で牛肉を処理して、すぐに調理して食べられる製品として売っている。オリジナルな牛肉の食べ方とはどんなものなのか興味は湧いたが、ここはそのまま通過することにした。その隣にも小さな店があり、看板には「Seaweed Cosmetics」とある。海藻？ 化粧品？ 前の年にスカイ島へ行った時、海岸にたくさん押し寄せてくる海藻に気が付いて、聞いたことがある。

「海藻をどんな風に利用してるんですか？」

「利用？ 今は特に何にも利用していませんね。肥料には少し利用しているかもしれませんが、その他には考えられません。島の人たちは本当に貧しい時、海藻を食べていたということも聞きましたが、今は食べ物では困りませんから海藻は食べません」という答えが返ってきてびっくりしたことがあった。

このルイス島では海藻の化粧品？ それにも興味があったが、ここもパスして先に進んだ。

ルイス島のゴスペルソング

町の中心近くに来た時、一軒のチャリティ・ショップが目に止まった。「ベセズダ・チャリティ・ショップ」とある。ベセズダは、私の住むチェヴィ・チェイスの隣の町の名前と同じではないか。これは見逃せない。名前も面白いし、私の目的の一つがルイス島のゴスペルソングなのであるから、もしかしたら古いゴスペル・シンギングのＣＤが見つかるかもしれないし、どの教会で歌われているかといった情報を得られるかもしれない。

店の中に入ってみた。ありとあらゆるものが溢れていた。本もたくさんあったのでこの近くにＣＤがあるかもしれないと探してみたが見つからない。店員のおばさんにＣＤのことを聞いてみた。

「そうですねえ、前にはあったんですけどねえ。ちょっと探してみましょう」と言って、先に立って歩き、棚に積んであるＣＤを探してみたが、やはりなかった。

「そうですか、ゴスペルソングに興味があるんですか？　教会に行ったらいい。でもどこの教会でやってるかちょっとわかりませんねえ。宗教関係の本を売っている専門店があるからそこへ行ったらわかるかもしれませんよ」と言ってその店を教えてくれた。この店から二ブロックくらいの距離なので、すぐそこへ向かった。

その宗教専門店はすぐ見つかった。見渡すと全て宗教関係の本や物が並んでいた。ゴスペルソングのＣＤも何種類もあった。

「ゴスペルソングに興味があるんですか？」とレジでお金を払う時にそこにいた女性が聞いてきた。

「ええ、私アメリカから来てるんですけど、ルイス島のゴスペルソングがアメリカの黒人のゴスペルソングに影響を与えたと聞いて、興味を持ったのです」

「あ、そう。今夜、私の夫が教会で歌うんですけど、来ます？」

「もちろん。いいんですか？」

「今夜、会いましょう！」

私は天にも昇る気持ちだった。今回の旅行の目的がこんなに早く達成できるなんて信じられない気持ちだったが、今夜、教会、ゴスペルソングという言葉を胸に秘めて、この町の観光を続けた。

ルイス島最大といってもストーノウェイは小さい町なので、あっという間に観光は終わってしまった。宿に戻り、早めに夕飯を食べ、その夜のゴスペルソング鑑賞のための準備をした。

約束の時間、六時半よりは一時間早く着くようにと教会探しを始めたが、何ということか、教会の名前を聞いていないのに気づいた。町の中心に大きな教会があったのでそこだと早合点していた。その大きな教会の重いドアには鍵がかかっていた。横にも裏にもドアはあったがどこも閉まっている。教会の後ろの別館は開いていて、子供達が叫び声をあげたり追いかけっこをしていたので聞いてみた。しかし誰も知らないと言う。

「この近所に他の教会ない？」と聞いたら、「あるよ。すぐそこ。連れて行ってあげる」

遊びまわっていた子供達の女の子三人が私を案内して道を歩き出した。

「ここよ」一ブロックも行かない所にあった教会も中は暗く人の気配はない。私が昼間ＣＤを買ったショップの真向かいだ。その本屋も閉まっている。どこもかしこも閉まっている。本当に情けなくなってきた。もう宿に帰るしかないとあきらめ、すごすご宿に向かって歩き出した。途中で会った人に「この時間にゲール語でゴスペルソングを歌っている教会知りませんか？」と聞くのだが、「この町には十三軒もの教会があるからどこか分からないねえ。ゴスペルソング？　聞いたことないねえ」とか、「オレはもう三〇年も教会に行ってないから何も分からないよ」というような返事しか返ってこない。

二時間以上歩き通しだったので足に豆ができてしまったようで痛みを感じ始めた。やっと宿に着いた時はぐったりしてしまった。オーナーのスコットさんが居間のソファーに横になっていた。私の姿を見ると起き上がって、「今日はどうでしたか？」と聞いてきた。待ってましたとばかり一部始終を話して、「今日は本当にがっかりしちゃったわー」と言った。

「そうか……ゴスペルソングに興味があるのかー。それなら僕達のゴスペルソングを聴きに来ない？」

「僕達って、あなたはゴスペルソング歌えるんですか？」

「もちろん。だけどリードはできないけどね。どうですか、今度の日曜日の夜、朝、礼拝があって夜、希望者が集まって、歌うんですけど」

「ゲール語で？」

「ゲール語で」

「お願いします。是非聞きたいです」

「そうかー、じゃ、ボスに聞いてみます。絶対にオーケーだけど、一応念のために許可を得ておきます」

ということになった。よく見ると、居間に備えてある本棚はほとんど宗教に関係する本だった。

「貴方は牧師さんなんですか？」

「牧師じゃないけど、宗教には興味があります。教会に行くのも一日も休みません。今度の日曜日、貴女も行きますね？」と念を押された。

「はい、お願いします」

疲れて実りなき一日と思われた第一日目だったが、最後に大きな夢をもたらしてくれることとなった。

レンタカーを借りることにした

足に豆ができて痛かったので、翌日は足を引きずりながらストーノウェイの旅行案内所に立ち寄り、いろいろ調べることにした。まずツアー・バスはないか、それからルイス島の次にラム島とエイグ島に行きたいと思っていたのでその交通手段を教えてもらいたかった。まずツアー・バスは、あるにはあったが全然空きがないという。明日も明後日もこの週は全然空いていない。

「一人でも？」

「全然ありません。来週になったらあるかもしれませんよ」などとのんきに言う。私は来週はここにはいないのだ。ということは、ルイス島で有名なカラニッシュのストーン・サークルとかブラック・ハウス博物館には行けないということなのか。ローカルバスも走っているが一日に三本しかない。行ったら最後帰って来られるかもわからないのだ。やっぱり車がなければどこにも行けないことがだんだんわかってきた。なるべく公共の交通機関を使って旅をしたかったのだが、レンタカーを借りなければ無理なようだ。

ラム島やエイグ島へ行くのが難しいのもわかった。

まず船便が毎日あるわけではなく、あっても一日おきとか週末はないとか学校が休みの時はないとか不定期で計画が立てられないのだ。ルイス島のカラニッシュの石塔は二〇〇〇年前のものなのだが、ラム島では八〇〇〇年も前に人類が住んでいたという証拠になる人骨が最近見つかったのだという。エイグ島でもオークニー諸島のスカラブレイのような遺跡が見つかったのだという。二つとも小さな島なのだが本土の縮図のような戦いの歴史があり、現在はナショナルトラストの管轄下にあるが、つい最近まで個人の持ち物だったため研究が進まなかったらしい。この二つの島へも行きたかったのだが、今回は諦めなければならなかった。

宿の数が少ない上に団体客が一年も前から予約していて個人がふらっと行って泊まるのはほとんど不可能なこともわかった。それにこの二つの島に行くにはマレイグという本土にある港に行かなければならず、そこに行く船はストーノウェイからではなく、タルバートというハリス島の港から出ているのだという。その港へは車で一時間半くらいなのだが、バスは午前中に一本、午後に一本しかないという。そしてバスの到着時刻は船が出発した後になっているので、どうしてもタルバートに一泊しなければならないのだという。こんな苦労をしてまで行く価値があるだろうかなどと考えてしまう。

ルイス島でレンタカーを借りる、ラム島とエイグ島への旅は諦める。これだけを決断するのにほとんど一日かかってしまった。

「ストーノウェイにはお城もあるのよ、もうすぐ閉まってしまうから早く行って見学したら？」と旅行案内所の人が教えてくれた。言われるま

ルース城

まに急いでお城に向かった。

そうだ、ストーノウェイにはルース城がある。お城の一部がレストランになり、その他は博物館になっていた。レストランでは結婚式が行われており、たくさんの人で賑わっていた。博物館はあまり大きくないが、ゲール語を話す人達の歴史や現在の様子などが詳しく説明されていた。それは、「皆さん！ ゲール語を話す文化は確かにあるし、言葉ももっと広い地域で話され大勢の人達が話していたのです。これからも忘れないでゲール語を使うようにしましょう。そしてゲール文化をなるべく多くの人達に伝えましょう。そして後世に残しましょう！」というメッセージを地元の人達に伝えているようだった。館内ではゲール語で会話しているシーンの映画なども流れている。ゲール語が使われなくなっているからこういう展示か行われているようにも感じられた。

島の北端へ

翌日真っ先にしたのはレンタカーを借りることだった。私のような外国人の年寄りに貸してくれるのか不安だったが、何の問題もなく借りられたのは意外だった。

それにしても車があるのはいい。自分の思う所へいつでも行けるのだから、昨日とはまるで別世界のように感じた。まず車に慣れるために島の北端まで行ってみることにした。二時間もかからないでポート・オブ・ネスへ着いた。そこが最北端なのだ。昔は漁港として栄えたようだが、今は廃港となっている。近くの灯台は今でも使われているらしいが、崖っぷちギリギリにあるので足がすくんだ。だが景色がすごい。最北端にはレストランは一つしかない。でも名前が洒落ている。カフェ・ソナタ。食べ物も美味しく人気があるらしく、テーブルも取れないほど混んでいた。そこへたどり着く前にあった民芸品を売るお店の名前も人目を引きやすい。パラダイス（天国）という。名前につられてつい入ってしまう。

レンタカーは快適だった。シェトランド諸島へ行った時は他の車が全然見当たらなかったが、ここは少ないながらも時々すれ違う車があるので心細くなることはなかった。帰りはゆっくり走って宿に戻った。

翌日は早く起きて、喜び勇んで観光に出かけた。ストーノウェイの近くの歴史的な観光の場所と言えばカラニッシュのストーン・サークルとブラックハウスしかない。それもストーノウェイから四〇キロと意外に近いところにある。しかし、なかなか目的地に着かずぐるぐる回っているように感じた。

カラニッシュのストーン・サークルはオークニー諸島のリング・オブ・ブロッガーと並んでスコットランドを代表するストーン・サークルである。カラニッシュ1、カラニッシュ2、カラニッシュ3といくつもストーンがあり、最も大きな十三本の石柱のあるカラニッシュ1から見るつもりが、私は3から始めていたようだ。1に来た時には次から次へと観光バスがやってきて、ストーンの周りは人でいっぱいになった。

なかなか近づけずうろうろしていると、近くで草刈りをしているオジさんがいたので、話しかけた。そのオジさんは六十歳ぐらいに見えた。次の満月の時に昔のお祭りをするのでその準備で庭をきれいにしているのだと言った。オジさんの髭が実にすばらしい。真っ白で口の回りをふんわりと大きく包んでいる。こんなに髭らしい髭をつけたオジさんに会うのは久しぶりだ。あまりに見事なので褒めたらいろいろ話してくれた。名前はレオと言い、庭の手入れをするという条件で一軒家にただで住まわせてもらっているのだと言った。ずっと昔に退職しているのかもしれない。「近くに友達のマーガレットという考古学者がいる。会ったらきっと何かを学ぶことができるよ」と熱心に勧めるので、カラニッシュ1の見学を終えた後、

ポート・オブ・ネス

カラニッシュのストーン・
サークル

ストーンサークルで会った
おじさんレオ

いつも強い風が吹いているの
は私の髪を見ればわかる

マーガレットの家に向かって車を走らせた。近くと言われたもののなかなか見つからず、何度も立ち止って聞かなければならなかった。答えはいつも、「すぐそこですよ」「すぐ近くですよ」。聞く人は誰でも知っているらしいのだが、肝心の家が見つからない。

マーガレットの家が見つからなかったのは、メインの道路に面してはいるものの、人が住んでいるようには見えないくらい庭は草ぼうぼうで、鉄の門が閉まっているからだった。隣りの家で教えてもらい、ようやくマーガレットの家を探し当てた。「ハロー」と言っても、「マーガレット！」と名前を呼んでも何の反応もない。しかし門の側には確かに「カラニッシュ美術博物館」と大きな文字で書かれた看板がかかっているから間違いない。門の鉄格子の間に手を入れ鍵をこじ開けて中へ入っていくと、猫が迎えてくれた。猫の後から、白人のおばさんが杖をつきながら出て来た。背は私と同じぐらいだが、髪の毛は薄く、いつ髪をとかしたかわからないくらいにボサボサしていた。

「ごめんなさい。呼んでも返事がなかったので勝手に門を開けて入ってしまいました」

「いいんです、いいんです。門は開いてなかったの？　本当は開けておくべきなのよね」

「貴女のお友達のレオが是非貴女に会いなさいって言ったので来たんです」

「そうですか。レオはよく私の面倒を見てくれる優しい友達です。実は私は最近全く歩けなくなってしまって、七ヶ月も病院に入っていたんですよ。つい最近出て来たばかりなので、展示するにもその時間がないんです。ごめんなさい。ちらかっていますけど。どうぞ、こちらです」

指差す方を見ても道が草で覆われて見えない。草をかきわけかきわけ進んでいくと建物があった。

「ここが博物館なんです。いや、博物館にしようとしてるんですが、なかなか終わらないんです」

案内された建物は博物館というよりも古い壊れかけた納屋のようだった。雨は漏らないようだが、床などは土のまま。その壁一面に細かく書き入れたストーン・サークルの地図と説明が書いてある大きな紙が貼ってある。しかしその紙もいつ貼ったのか、剥がれて垂れさがっているところも一箇所や二箇所ではなかった。

マーガレットは夫と一緒にカラニッシュのストーン・サークルを見つけた正真正銘の考古学者だった。一躍有名になったが、夫は十年ほど前に亡くなり、残されたマーガレットは二人の夢だったカラニッシュ美術博物館を作ろうとしていたのかもしれない。物置小屋のような部屋にはいろいろなものが所狭しと置かれ、部屋の隅には発見当時の写真や研究発表した小冊子などが何十年もの埃をかぶって置いてあった。

「みな古くなってしまって……ちょっと待っててください。家の中にもっとありますから持ってきます」

やはりそれも埃だらけだった。二人はどうやってストーン・サークルを見つけたのだろうか？

「難しいんですよ。この辺は石がごろごろしてるから。どの石がただの石で、どの石がお祭りに使われていたのか、見分けるのは大変なんです。昔は立っていたんでしょうけど、今はみな倒れていますからね」

「それでは貴女たちはどういう風にして分かったんですか？」

「我々は専門的に勉強していたから分かったんですよ。普通の人では見分けがつきません」

「それではこの辺にはそういうサークルがたくさんあったということですか？」

「今でもあります。我々は六ヶ所見つけました。まだまだあると思いますよ。でも誰も真剣に探していないんです」

マーガレットは夫が亡くなった後も、ストーン・サークルを探し続け、それらしき物を見つけたのだが、学会にそれを発表しても認めてもらえなかった。彼女にとってはそれは悲しいことであった。それでも夫と一緒になしとげたくてかなわなかった自分達の発見したストーン・サークルの博物館を作るという夢をかなえたいと思っていた。夫亡き後の生きがいとしていたのだが、それも皮肉なことに最近は体がいうことをきかない。そういうことなのだろう。床に三つも四つも大きなたらいのような桶を置き、その中を砂

マーガレットの博物館入口

考古学者マーガレット

で埋め、いくつかのストーンを立てている。子供が遊んでいるようにも見えるが彼女は真剣だ。私はそこにあった写真、パンフレット、そして彼女が夫と書いた小冊子をすべて買った。

　蔓があちこちにはびこっている道なき道を通ってやっと外に出て、レオにもよろしく伝えてくれるよう頼んだ。レオは美術博物館の立て直しに協力しているのだろうが、とても彼一人の手におえるような仕事ではない。それでも夢に向かって生きていくのはすばらしいことに違いないと思った。

ヨーロッパ中から集まったバイカー

ブラック・ハウス

ブラック・ハウスには入れなかった

ブラック・ハウスはここからあまり遠くない。茅葺きの伝統家屋を復元して公開している。この日はオートバイの団体の貸切になっていて中には入れなかった。素晴らしい天気だったので周りを散策していると、集まってビールを飲んでいるバイカー達を見かけた。

「どちらから?」と聴くと、「ドイツから」「ロンドンから」「ブライトンから」「フランスから」と同時に答えが返ってきた。彼らは同じグループに属しているわけではなく、その日の何時ごろにブラック・ハウスに集まりましょうと連絡をとりあって、あちこちからバイクを飛ばしてやって来るのだ。そして、一緒にビールを飲み、一晩を一緒に過ごすらしい。

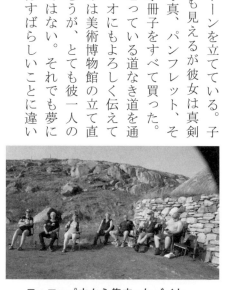

「ブラック・ハウスを見に来たんですけど、中を見られますか？」と聞くと、「ノー！」とビールを飲んでいた人達が一斉に言った。

ブラック・ハウスはルイス島では数少ない観光スポットである。昔、厳しい寒さの中、ピート（泥炭）を燃やした煙で家の中が真っ黒になってしまったのだという。今はそのハウスをモーテルに改造して宿泊もできるようだ。内部は博物館として展示されているのだが、宿泊者がある時は観光客はハウスの中を見られないという。ちょっと納得できないが、それが約束事なら仕方がない。

ストーノウェイへの帰り道は、小さな岩山、大きな岩山、そして石ころの転がっている荒野を行く一本道だ。ぐんぐん飛ばしても全然怖くはなかった。景色は言葉に言い表せないほど素晴らしいが、時々休憩のため車を駐めると、空き瓶や空き缶が捨ててあるのにはがっかりした。

ゲール語でゴスペルソングを聴く

次の日は日曜日。スコットさんのゴスペルソングを聴く日だ。連れて行かれたのは教会ではなく公民館だった。

「どうして公民館なの？」

「実は我々はちゃんとした教会を持っていたんですけど、分離したんですよ。ここは本当の教会が見つかるまで、或いは我々で建てるまで一時的に借りている場所なんです」

「分離？」

属していた教会から分離するってどういうこと？

牧師さんの話とか、礼拝の進め方とかの違いはわからなかったが、賛美歌を歌う時にピアノもオルガンもない。英語で歌ってはいたが、一人の男性が美声を張り上げて伴奏なしに一章節を歌い、それに他の人達がついていくのだ。その男性の声が素晴らしい。そして次の賛美歌を歌う時には違う男性がそれをやる。礼拝が終わるまでに五曲ぐらいの賛美歌を歌った。五人とも美声の持ち主だ。まさか音楽学校へ行ってトレーニングを受けたわけでもないだろうが、若くはないが声には張りがありすばらしかった。

礼拝が終わって家に帰る車の中でスコットに聞いた。

「どうして分離しなければならなかったんですか？」

「我々が大事にしているのは伝統を大切にするということなんですよ。賛美歌だって最近は皆英語で歌うし……まあそれは仕方がないことです。若い人はゲール語が話せませんから、ゲール語で歌えないんです。でもそればかりでなく、新しく作曲された賛美歌を歌うんですよ。それに我々は同調できないんです。あくまでも伝統を守って、今まで歌われてきた賛美歌を守りたいんです」

私にはわかりにくい話だった。分離とは喧嘩のようなものではないか。宗教的な感覚を私が理解できないだけなのかもしれないが、伝統的な賛美歌を歌うか歌わないかが喧嘩別れするほどのことなのか。ルイス島の人達はアイルランドのカトリック教を排除して分離しプロテスタントになったが、その中のカルビン派を拒絶して分離し、長老派つまりプレスビテリアンに落ち着いたのではなかったか。また賛美歌のことで新たに分離しようとしているのだろうか。

その夜、ゴスペルソングを聴きに連れていってもらった。スコットは若いのに、教会へ行くのもゴスペルソングを歌うのも決して休まないという。着いた所は普通の家だった。それほど広くない居間に次々に人が集まってきた。老若男女二十五人ぐらいはいただろうか。若い牧師さんは生まれたばかりの赤ちゃんを連れてきた。皆、和気藹々《わきあいあい》と挨拶をかわし、お茶やコーヒーやビスケットなどがふるまわれた。挨拶が終わるとメンバーのニュース、つまり誰がどこへ行ったかとか、いつ帰ってくるかとか情報交換があり、それからゲール語で自然に歌い出した。楽器などの伴奏は一切なく、一人の男性がリードしてそれに他の人達がついて行くという形なのだ。楽譜などはない。次から次へとリードする人も変わる。昼間の時のように皆歌がうまい。声の出し方がオペラ歌手のようだ。それも全員がそうなのでびっくりする。一時間近くも続いただろうか。それから私を歓迎する言葉があり、何か聞きたいことはないかと尋ねられた。

アメリカの私の家の近くの教会がプレスビテリアンで、三十年ぐらい前に女性の牧師を許すかどうかでもめたことがあった。今は女性の牧師さんもかなり多くなったが、ここではどうなのかと聞いた。

「僕たちは違います。僕たちは伝統を守りたいんです」

「昼間はどうしてゲール語で賛美歌を歌わなかったんですか？」

「もちろん僕たちはゲール語で歌いたいんですけど、若い人はゲール語を話さなくなってきているんです。だから英語で歌わなければならないんです」

「でもゲール語を話すように政府は奨励しているんでしょう？　学校では勉強しているんでしょう？」

「政府が奨励して学校でも勉強してます。でもゲール語離れは現実です。残念ながら僕たちがいくら頑張っても消えつつある言葉なんです」

そう言ったリード歌手の声は悲しそうだった。

ルイス島は一応ゲール語を話している地域と見なされているが、実際に話しているのは前世代の人達で、今の若い人達は英語を話している。ゲール語は第二国語として学校で勉強する以外使うところがないのが現実なのだ。

ゴールデン・サンドで有名なビーチに行く

四日間、車で自由に走り回り、行くべき所はすべて訪れたので車を返した。エイグ島やラム島には行かないと決めたのでもう一日ルイス島に滞在できる。最後の一日は公共交通機関を利用しようと決めた。まだ見ていないのはウィグ・ビーチだ。広い浅瀬があり素晴らしいから行ってみるようにと勧められていた。

バスで行く方法を調べたが難しいことがわかった。案内書にはビーチまでバスで行けると書いてあるがこれは全くの誤りで、海岸方向へのバスに乗っても一番近いバス停からビーチまではかなり離れているようだ。そこからスクールバスを利用すれば行けるというが、前日までに予約しなければならないからこれは無理だ。私は明日ルイス島を離れるのだから。

こういう時、私はいつも楽観的に対処することにしている。公共バスで行けるところまで行って、そこから歩いてビーチに行ったっていいではないか。ビーチまで行けなくてもそのあたりの景色もきっとすばらしいに違いない。何とかなると思い、たった一本しかないバスに乗り込んだ。帰りのバスの時間はきちんと聞いた。それに乗れればストーノウェイまで帰って来られる。

キャンプ場もあるビーチにバスで行こうなどというのは私一人だけかもしれない。出発した時は六人いた乗客が途中で一人降り二人降りして、終点に着いた時は私一人だった。やはり海など見えない。バスの終点なのでお店もある。キャンプに必要な物を買っていくのか車も二台、三台と駐車している。

「ビーチへ行きたいんですけど、こちらの方向でいいんですか?」とその辺に立っていた男性に聞いた。

「これからビーチへいく?」

「ええ、歩いて行くしか他の方法はないんでしょう?」

「遠いよー」

「遠くても仕方がありません。行けるところまで行きます」と言って私は歩き出した。

「ちょっと待って、僕はスクールバスを運転しているんだが、今ちょっと時間があるからそのビーチまで連れて行ってあげるよ」

「でも予約しなかったから、ダメって言われたんですけど」

「本当はダメなんだが、あんたの足ではビーチまでたどりつけないよ」

「えっ、そんなに遠いんですか？」

「車で行けば近いけど、歩いたらかなり時間がかかると思うよ。それにあんたは帰りのバスの時間までに帰って来なくてはならないんだろう？」

　彼はよくわかっていた。

丘の上のキャンプ場

　曲がりくねった道は上がったり下がったり、まるで山道を行くようだ。これがビーチに行く道かと心配になった。それでも三〇分ほど乗ると、「ビーチだよ」とスクールバスの運転手が言った。

「ここが？　ビーチなんてどこにもないじゃない？」

「ほら、そこの丘を登って行って降りたところがビーチだよ。そこまでは自分の足で行くしかないね。帰りもここで待っているんだよ。迎えにくるからね」と言ってスクールバスの運転手は行ってしまった。

　そこからすぐに小山に登ると何台ものキャンピングカーが停まっていた。テントを張っている者もいる。水着をつけた人達も歩いている。不思議な光景だった。こんな小山のてっぺんがキャンプ場だなんて。その小山を降りた所がビーチなのだ。ちょうど引き潮だったのか、見渡す限り砂地で海面はずっと遠くにしか見えない。こんなに広々としたビーチは見たことがない。ビーチの始まる所が丘だなんて、こんなビーチは初めて見た。海の水にも触れず、ただただ砂の上を歩き、小さな貝を見つけること以外やることがない。

　それでも二時間ぐらいはそこにいた。小山の上でビーチの景色を見ながら持ってきたランチを食べた。その間にもいろいろ聞かれた。トイレはどこ？　どう行ったらビーチに出られるの？　みんなわからないのだとわかって少し安心した。

ストーノウェイに戻るバスは四時半発なのでそれまでにあのバス停まで戻らなければならない。本当にあのおじさんは迎えにきてくれるだろうかとちょっと不安になったが、「ここで待っていなさい」と言われた所で待った。

四時。本当にスクールバスが来た。中には六人のかわいい子供達がきゃっ、きゃっと騒いでいた。スクールバスのおじさんは私を一番前に座らせた。スクールバスで子供達を迎えに行くということは、この近所に学校があるということなのだ。そしてバスの運転手は六人の子供達をそれぞれの家まで連れて行く。誰かが迎えに出ているわけではなく、皆バスから降りると自分の家へ走って行った。

「最後の子供を下ろしたら案内してあげますからね。それまでちょっと辛抱していてください」

びっくりした。案内なんて全然期待していなかったし、私の目的はビーチに行くことだったたから。

「さあ、最後の子供が行ってしまったよ、これからはあなた一人の時間です。何でも聞いてください！」

おじさんは明るい声で言う。そう言われても、何も聞くことはないとも言えない。

「景色がきれいですねえ、いくら写真をとっても次から次へときれいな景色が現われます」

「そうなんです。この辺は本当に景色の素晴らしい所です。私もこの景色に魅せられてイギリス本土からここへ越してきて、スクールバスの運転手になったんです」

まだ四十代に見えるのにスクールバスの運転手というのも、そんな理由があったのか。

スクールバスを降りて家路を急ぐ

ルイス島のラスケンタイヤ湾のウイグ・ビーチ、ゴールデン・サンドで有名

「貴女はきれいな景色の写真を撮るのが好きみたいですね。もし撮りたい所があったら言ってください。いつでも車を止めてあげます。やっぱり、車が走っているといい写真はとれないでしょう」

「それはそうですけど。ありがとうございます」

そんな親切にどう答えていいのかとまどっていると、私のストップを待ちきれないというように、自ら車を止めた。

「ほら、ここが一番きれいな所です。素敵でしょう？　バスから降りて撮るといいですよ。待っていてあげますよ」

そんな風にして何度も車を止めてくれた。そして、「ここは、昔はね……」などとていねいに説明してくれた。数えきれないほど写真を撮りまくって、時間ぎりぎりにバス停に着いた。

このおじさんにどんなお礼をしたらいいのか。バス代もいらないと言うし、チップもとんでもないと受け取らない。優しい人情に包まれてルイス島の旅は終った。

❖春の島バイクの友の集合所

「トリック・オア・トリート」とは言わないスコットランドのハロウィーン

聖人の前夜祭から始まったハロウィーンの歴史

二〇〇〇年ほど前のヨーロッパはケルト民族が支配していた。それがゲルマン民族に追いやられ、やがてローマ帝国の時代が来て、ケルト民族はアイルランドやイングランド西南部、スコットランドに移動せざるをえなくなった。しかし、ケルト民族の文化、風習の一部は今でも残っている。ハロウィーンもその一つなのだ。

ケルト民族の暦では一年の始まりは十一月で、十月で夏が終わり、十一月一日から冬の季節がはじまる。その前夜に新しい一年を祝う前夜祭が大々的に祝われた。ゲール語でサウインと呼ばれたこの祭りがアメリカに伝わってハロウィーンになったのだ。

夏に収穫した穀物は冬に備えて保存するが、冬が越せない牛や羊は殺してお供えものにした後、自分達の冬の食べ物にするために保存する習わしがあった。そして、その日は死者の世界への扉が開き、故人もその日の晩餐に加わると考えられていた。この考えは日本のお盆と良く似ているではないか。

それからキリスト教が伝わり、布教のためにはこのような民族の風習を取り入れるのが得策と考えたのか、この日は、故人、殉教者の日、死者と生者が交わる日になった。中には生者にいたずらをする悪者の霊も出てくるので、悪霊から身を守るために悪霊よりももっと怖い衣装をつけて対処するようになったということなのである。

若者が恐ろしい衣装をつけてパレードをするという習慣は、最近、サウイン・パレードのリバイバルとしてエジンバラのロイヤル・マイル通りで始まった。最初に始まった二〇年前には五、六人の若者だったのが、今は年ごとに参加希望者が増え、一〇〇人以上にもなるという。私はそのサウインのパレードを昨年見に行った。それは十月三十一日の日没から翌朝の日の出まで続く。若者は恐ろしい仮装をして参加する。中には女性もいる。真冬の寒い時刻なのに肌を露わにしている者もいる。そして、歌い、叫び、飲み、食べて新しい冬の始まりを祝うのである。エジンバラの夜の街は真っ暗。様々な空想怪物、怪動物、怪人間に扮した大人達がロイヤル・マイル通りに繰り出し、昔風の楽器で音楽を奏でながら練り歩く。道の両側に立っている見物人との交流も盛んなので、子供が泣き出す光景もあちこちで見られた。

多くのケルト民族つまり、アイルランド人、スコットランド人が十九世紀にアメリカに移民として住むようになり、ハロウィーンの風習も一緒に伝承された。祭りの名もサウインではなく、All Hallows Eve（諸聖人の日の前夜祭）と呼ばれるようになった。Hallow は聖人、Eve は前夜というゲール語で、死人はすべて聖人になり、すべての聖人の前夜祭という意味で、それがなまって Halloween となったのだという。最初はカトリック教の布教のための祭り事だったわけだ。しかし、その後は宗教性を失っていき、誰にでも受け入れられるようになり、東海岸から西海岸、ついに全アメリカで祝われるようになった。そして今ではスコットランドに逆輸入されている。

スコットランド人がアメリカ、カナダへ移住する前は、「ジャック・オ・ランタン」（ローソク立て）として、カブやルタバガ（カブのようなもの）が使われていたが、アメリカ、カナダではパンプキンの方が手に入りやすかったので、次第にパンプキンが定着していった。なぜパンプキンか。生前の悪行から天国にも地獄にも行けないどうしようもないジャックという男がいた。せめて灯を灯すことぐらいはさせてあ

思い思いの仮装で
町を練り歩く
サウイン・パレード

2人の孫もハロウィーンメイク

げようという悪霊のはからいで、ジャックは提灯に灯をつけ、それがかぼちゃをくり抜いた灯となった。ジャックは今でも天国と地獄を行ったり来たりしているのだそうだ。

孫たちとハロウィーンを楽しむ

二〇一八年十月、私は二人の孫のベビーシッターの役目をはたすべくスコットランドにいた。ハロウィーンの日が近づいてきた。孫の友達の親が招待してくれるというので子供について出かけていった。

約束の時間に友達の家に着くと、他の子供達もどんどん集まってきたので、一緒に出かけることになった。スコットランドでもアメリカと同じように近所の家々を廻るのだ。

「おばあちゃんはどうします？　家で待ってますか？　それとも子供達と一緒に回りますか？」

もちろん、私も子供達と一緒に回って見たいと言った。子供達は「トリック・オア・トリート」とは言わない。それはアメリカ式だと言って誰もその言葉を使おうとはしない。子供達は六人ぐらいのグループに別れ一軒一軒廻るのだが、参加しない家もあるので、それを親が見分けなければならない。参加する家にはハロウィーンの飾り付けがある。その飾り付けが皆怖い。子供達が叩くドアにもいろいろな飾り付けがある。パンプキンをくり抜いて、ローソクを灯す。子供達も可愛らしい衣装などは誰も身につけていない。お化け、幽霊、骸骨、ゾンビや怪物や怖い魔女なども出てくるので、そんな黄泉《よみ》の世界の怪物に負けないように、それに似たものか、もっと恐ろしい仮装をしているのである。

子供達は「ハッピー・ハロウィーン」と言うか、何も言わないでドンドンとドアを叩く。家に誰かがいればすぐにドアが開けられ、どうぞ、どうぞと子供達を家の中に入れる。ドアを開けたままでは寒いからだ。十月三十一日は夏の最後の日であり、翌日からは冬の季節が始まる。

子供達が家の中に入ると、すぐに「ジョーク言えるのは誰？」と家主が聞く。ミー、ミー、ミーと六人の子供達は一斉に手をあげるのだが、不思議にすぐに自然に誰かが始めて自然に順番が回っているらしい。自分の番がきた子供は「どうして……は何なの？」と深刻な面持ちで大人に聞く。大人は、もちろん、「分からないよー」と答えるのである。いかにもお手上げだという風なのだ。それに対して、子供は答えを言うのだが、その答えを聞くと、家主は、本当におかしい、やられた！という顔をして真剣に笑いこけなければならない。それを六人の子供がいれば、六人に同じように対処するのだ。子供がどんなに小さくても（一番小さいのは四歳）やらせる。子供の方も恥ずかしがったり、怖じけづいたりしないのには感心した。子供達は二つ、三つのジョーク、なぞなぞ、クイズを自分で考えておいて使い分けている。

家主は笑いこけると、笑わせてもらった報酬としてお菓子を与える。伝統的にはりんごとかソウル・ケーキ（クッキーのようなもので十字が入っている）を作っていたそうだが、最近はアメリカの影響もあって、甘いお菓子が多いようだ。

あとで私の上の孫にどんなジョークを言ったのか聞いてみた。

「What did the scurf say to the hat?」（襟巻き（スカーフ）は帽子に何て言ったの？）

その答えは、「I'll hang around while you go on your head.」（あなたが頭に載ってる間、私は首に巻きついてふわふわ遊んでいるわ）

「What the triangle say to the circle?」（三角は丸に何て言った？）

答えは、「I don't get your point.」（君のポイントがわからないよー君はぼくのようにつかみどころになる角《かど》がなくて丸いから、つかみ所がないんだよなあ）

四歳の弟も負けてはいない。

「Why six is afraid of seven?」（どうして数字の6は7を怖がるの？）

その心は、「Seven ate up nine and ten.」（7は9と10を食べたからだよ。8は語呂あわせで「食べた（ate）

だから、７は９と10を食べたことになるからさ。７、８、９、10 ＝ seven ate 9, 10）

子供がよく考えたと感心するようなジョークなのだ。

六人の子供達は十五軒ぐらい廻っただろうか。どこの家に行っても、家の中の飾り付けが普通ではない。まるでお化け屋敷そのもので、幽霊や骸骨が天井から吊るされていたり、魔女が箒に乗って、どこからか現れたりして、相当の工夫をしているのがよくわかる。

子供達にとっては一時的にでもお化け屋敷の中に入り、お化けの仲間になり、そんなお化けには負けないぞというような気分になるのである。しかし、時間もどんどん過ぎていく。その日は火曜日で翌日は学校へ行かなければならない。子供達をいつもの時間に寝かせるのも親の責任なのだ。八時半には家を廻るのは止めて帰っていった。私と孫達も人里離れた一軒家に帰って来た。他の子供達と一緒のハロウィーンに満足したようだった。

世界共通のお祭り

このような祭りには世界中共通するものがあるようだ。日本でも「ほとほと」というお祭りが中国地方に今も続いているそうだ。小正月の夜、若者や子供が蓑笠や頭巾をつけて家々を訪れ「ほとほと」と唱えて餅や祝儀などをもらう。そして、十一月の穀物の収穫を祝い、感謝する儀式は宮中では新嘗祭として、今でも行われているということである。最近、日本の「なまはげ」がユネスコの無形文化遺産に登録されることになったが、人間が人間以外のものに扮装して人間社会とかかわりを持つ風習が世界中で見られるのは面白い。

自然と共に生き、自然の恵みに感謝し、共存を祝うためにお祭りをする。そして遠く離れた世界の果ての国々でも同じような儀式をして、自然への感謝の気持ちをささげてきた。実に興味深く感動させられる。

日本のお正月を祝う気持とケルト民族がかつて新しい季節を迎えてお祝いをする気持とは底辺には共通の感情、考え方があることが理解できた。

第2部

あれこれ知っておきたい
スコットランド

産業革命はスコットランドから始まった？

スコットランド人の発明、発見が産業革命に導いた？

ロバート・バーンズが生きていた頃の十八、十九世紀頃のスコットランドはスコットランドの啓蒙時代と呼ばれ、いろいろな分野で卓越した人物が輩出されている。教育制度や大学での勉学方法が世界でも抜きん出ていた教授制を始めたためだと言われているが、立派な人物を数え上げれば数え切れない。私がお土産に買ったティー・タオルに書かれているのはそのほんの一部である。ここで、発明、発見をしたスコットランドの偉人を年代順に列挙しておこう。

一四九四年　ウイスキーの作り方等の記録が残されているが製造はそれ以前から
一六一一年　スコットランド王ジェームズ六世の命による欽定訳聖書が出版される
一六一四年　ジョン・ナピアが、十進法、コンピューターの基礎定理を発明する
一六一七年　ジョージ・ブルースが、ヨーロッパで初めて炭坑を掘る
一六六三年　ジェームズ・グレゴリオが、グレゴリオ望遠鏡を発明
一六九四年　チャールズ・モンタギューが、英国銀行を開設する
一七二五年　ウィリアム・ゴッドが、ステロ版（鉛板）を発明する

一七四八年　ウィリアム・クレンが、冷蔵庫を発明する
一七六五年　ジェームズ・ワットが、蒸気機関を改良
一七六八～一七七一年に『ブリタニカ百科事典』編纂、執筆者四千人参加
一七七〇年　ジェームズ・ワットが、プロペラを船などに応用することを提案したが採用されなかった
一七七一年　ロバート・メルヴィルが、大砲を造る
一七七二年　パトリック・ファーガソンが、ファーガソン・ライフルを改良する
一七七二年　左側通行を取り入れる。イングランド側は一八三五年から採用
一七七五年　アレクサンダー・カミングが、水洗トイレを開発する
一七七七年　ジョン・ブロードウッドが、ピアノのフットペダルを発明する
一七八七年　ジェームズ・メイクルとアンドリュー・メイクルが、脱穀機を開発する
一八〇〇年　デイビッド・マシェットが、鉄から鉄鋼を作る技術を開発する
一八一五年　デイビッド・ブルスターーが、万華鏡を発明する
一八一六年　ジョン・マックアダムが、現在の高速道路の基礎になる道路づくりを考案する
一八三五年　ジェームズ・ボーマン・リンゼイが、白熱光電球を発明する
一八四〇年　カークパトリック・マクミランとトーマス・マコールが自転車を改良する
一八四〇年　アレクサンダー・ベインが、電気時計を発明する
一八四〇年　ヘンリー・コールが、クリスマス・カードを発案する
一八四二年　ロバート・モーティマー・グローバーが、麻酔薬を初めて調合する
一八四二年　アレクサンダー・シャーンクスが、芝刈機を発明する
一八四三年　アレグサンダー・ベインが、ファックス・マシーンを考案する

一八四五年　ステファン・ペリーが、ゴムバンドを製作する
一八四七年　ジェームズ・ヤング・シンプソンが、麻酔薬として初めてクロロホルムを人間に使う
一八六一年　ジェームズ・マックスウェルが、カラー写真を発明する
一八七三年　ジェームズ・クラーク・マックスウエルが、ラジオを発明する
一八七五年　アレクザンダー・グラハム・ベルが、電話を発明する
一八八〇年　ヘンリー・フォールズが、犯罪者の指紋採取を日本で医師として働いている時に発案する
一八八八年　ジョン・ボイド・ダンロップが、空気入りタイヤを発明する
一八九〇年　ジョン・ムルが、ヨセミテ、シエラネヴァダ山脈に国立公園を設立する
一八九二年　ジェームズ・デワーが、魔法瓶を発明する
一八九三年　アラン・マクマスターズが、トースターを発明する
一八九六年　ジョン・マキンタイヤーが、エックス線を発明する
一八九七年　ロナルド・ロスが、マラリヤは蚊が媒介することを発見する
一九〇一年　イルン・ブルが、発泡性のある飲み物「アイルン・ブル」をつくる。今でもスコットランドではこの飲み物はコカコーラやペプシの人気をしのぐ
一九〇三年　ウイリアム・レイシュマンが、チフスのワクチンを発見する
一九二二年　ジョン・マクラウドが、インスリンを発見する
一九二六年　ジョン・ロギー・バードが、テレビを発明する
一九二九年　アレクサンダー・フレミングがペニシリンを発見する
一九三五年　ロバート・ワトソン・ワットが、レーダーを開発する
一九三八年　ディック・アンド・マック・マクドナルドが、ハンバーガーを創作する

こう見てくると、高度な技術から私たちの身近なものまで、スコットランド人による発明、発見がたくさんあることに驚くだろう。このほか、スポーツもスコットランド発祥のものがかなりある。

一一〇〇年　石ころを棒で兎の穴に当てるという羊飼いのゲームがゴルフに発展
一四五七年　ゴルフ・ゲームを確立する。特にセント・アンドリューズでゴルフが盛んになり、この年にスコットランド政府はゴルフ禁止命令をだすが、国民はそれを無視してゲームに興じたという記録がある。
二千年前から「シンティ」という、ボールと棒のゲームがあった（一チームは十二人）
一四二七年　ハンドボールを正式なスポーツとして認める
一五一一年　カーリングが始まる
一六世紀　ハンマー投げ
一八九二年　ウオーター・ポロのルールを制定する
一九世紀初め　ショット・プット（石を投げる競技、砲丸投げ）が初めて記録される
一九世紀　棒高飛びが正式にスポーツとして認められる
一八八〇年　ラグビーが正式にスポーツとして認められる
その他には　サイクリング、アイス・ホッケー

栄光なる敗北

ダンディの博物館にピクト人の残した石塔を見に行った時、そこで働いていた若い青年とスコットラン

初めての南極探検船は木造だった

ド人の発明、発見の話になった。実はダンディにも世界に誇れるものがあるという。それは、世界で初めて南極探検に行った船はダンディで作られた。それもすべて木造で、木造の船はそれが最後になったという。そしてその船はダンディの港から南極へ出発したという誉れ高い過去の歴史だ。そして、様々なスポーツがスコットランド発祥だという話になった時、私がちょっと茶目っ気を出した。

「でも自国発祥でもスコットランドはオリンピックでなかなか金メダルが取れないのねえ」

　気を悪くするかなとビクビクだったが、彼はウフフと笑って言った。

「ええ、負けてもいいんです。グローリアス・デフィート（栄光なる敗北）ですから」

　そう言って、私を一つの絵の前に連れて行った。その絵は、ボニー・チャールズ王子が最後のイングランドとの戦いで負けて、一緒に戦ってくれた仲間に別れを言っている絵なのだ。その絵は油絵なのだが、非常によく描かれていて感心した。その絵をじっくり鑑賞した私の姿を見ていたのかもしれない。

「ボニー・チャールズは負けても決して恥じないで、グローリアスと思いながらフランスへ渡ったと思うんです。だから今も我々はスポーツで負けてもグローリアス・デフィートと思って、誰も落ち込む者なんていないんですよ」

　彼もスコットランド人として相当な愛国心とプライドを持っているようだった。

❖冬の戦負けてもいつもグローリアス

Lochaber no more（John Blake MacDonald画　ダンデイ博物館）
この絵は1746年のクローデンの戦いでボニー・プリンス・チャールズのジャコバイト軍が敗北し、チャールズがフランスに逃避行する時の別れの場面。戦ってくれた仲間にさよならと言っているところだそうです。この海岸はスカイ島です。

ボニー・プリンス・チャールズは人気者？

「glorious　defeat（栄光なる敗北）」と言われるボニー・プリンス・チャールズの敗北とは何なのか。それは一七四五年のカロデンの戦いでイングランドに敗れ、永久的にチャールズの家系スチュワート王朝の可能性がなくなるということを意味しているのである。それは同時にスコットランドの独立が不可能になったことも意味していた。

一六〇三年にイングランドの女王エリザベスが崩御した。世継ぎがいなかったので、スコットランド王ジェームズ六世がイングランド王を兼ねることになった。これを王冠連合という。

ジェームズは生まれた時からエリザベスに世継ぎとして目をかけられていたので、生まれるとすぐエリザベスの宮殿でプロテスタントとして育てられた。やがて殺されることになる母親のメアリーがカトリックだったため、ジェームズをカトリックとして育てたのでは自分の王座を譲れないことがわかっていたからである。

スコットランドは王不在の王国となってしまったが、スコットランドとイングランドを、争いのない平等な国にしようとジェームズ王は様々な努力をするが、ジェームズ王が生きている間にそれは実現できず、むしろ分断されてしまうのである。失意のままにジェームズ王は亡くなるのだが、息子のチャールズ一世も、カトリック教徒の王妃を迎えたことや議会と対立したことなどから、公開処刑されてしまった。

それでもその息子のチャールズ二世が王座を引き継いだ。父親よりは穏健政策を取り、スコットランドにグラスゴー大学を設立し、それがスコットランド啓蒙主義の土壌になるなどイングランドとのバランスに配慮していた。しかし世継ぎのないまま亡くなってしまい、弟のジェームズ二世が次の王位継承者となるのだが、これが世論の反感を買った。というのも彼はカトリックを固守したからだ。そして娘と娘の夫であるオランダ人のウィリアムに王座を追われ、フランスに亡命することになってしまう。

その結果、ジェームズ二世の娘のメアリーとメアリーの夫のオランダ王族のウィリアム三世が二人で王位を引き継ぐことになる。これは名誉革命と言われている。イングランドの王位に就くことになるのだが、一七〇二年にウィリアム三世は落馬が原因で死亡してしまう。そして二人には子供がいなかったので、また世継ぎの問題がでてきた。結局、スチュワートの血を引く者としてハノーバー家のジョージ一世が選ばれ、イングランド、スコットランド、アイルランドの王になるのだが、ジョージ一世はドイツ系でゲール語はもちろん英語も話せないので、スコットランドの議会で承諾を得られるはずがなかった。それで急いでスコットランドとイングランドは合同しなければならなくなったのである。それが一七〇七年の合同法であり、連合王国ができるきっかけになったのである。

一七〇七年、スコットランド、イングランドは連合しグレイトブリテンという連合王国が成立した。そしてジョージ一世が、ドイツ系ではあったがスコットランド、イングランド、アイルランドの王に迎えられたのである。

そんな政情をフランスに亡命していたジェームズ二世が黙っているはずがなかった。自分こそが王位を継承すべきと、さっそくスコットランドに帰り、反旗をひるがえすが、たちまちイングラ

ボニー・プリンス・チャールズ

ンド軍に負かされてしまうのである。

スコットランドはグレイトブリテンの一部になったが、それまではイングランドからのいかなる干渉も許さない完全な独立国であった。しかし、それがイングランドと合同の議会を持つことによって独立国でなくなった。それまでは、スコットランドは自分たちの議会を持ち、刑法、租税法、刑罰など独自に決めることができていた。しかし合同法に同意するということは、スコットランドの議会を解散してイングランドと合同の議会を持つということになる。

それまでイングランドの航海法によって禁じられていた貿易の自由が得られることになったスコットランドは経済的繁栄が期待できるようになった。それまでのスコットランドは何かと差別される立場にあり、多くの貴族や氏族が不満を募らせていたが、経済的に破綻をきたしていたため反対などできるような立場ではなかったのだ。

ジェームズ二世はイングランド王であったにも関わらず、国を追いやられフランスに亡命していたが、ジェームズ二世の子孫を王位に復帰させることを支持するジャコバイトと共に反旗を翻すが、イングランド王に直ちに鎮圧されてしまった。

ボニー・プリンス・チャールズはそうした過去のあるジェームズ二世の息子である。チャールズはローマで生まれ、イタリアとフランスの教育を受けて育った。フランス語ばかりでなく、英語、イタリア語、ドイツ語、スペイン語と語学に優れ、気立ても優しくハンサムであったことから「ボニー・チャールズ」と呼ばれ、皆から愛されていた。チャールズは父親から自分の血筋を聞かされ、自分こそスコットランド、イングランド、アイルランドの王になるべき人物と信じて育った。

しかし、スコットランドに生まれて初めて戻った時は、チャールズがたとえジェームズ二世の息子で王位相続の資格のある者としても、外国で育ったチャールズを誰も信じなかったし、軍を編成してイングランドに反旗をひるがえすなどという考えには、ひやかす者はいても賛同する者は少なかった。しかし、やがて実際イングランド軍と戦う頃には三〇〇〇人もの同意者、特に元ジャコバイトの仲間が集まってきていたという。ジャコバイトとは父ジェームズ王がイングランドに攻めて行った時にサポートしたハイランドの氏族の人達である。

それでも戦いには勝つことはできなかった。そして再び大勢のハイランドのジャコバイト、つまりはスコットランド王国復帰を希望する者が命を失い、チャールズは追われる身になったが、仲間の機転で捕まることから逃れ、フランスに無事帰ることができたのである。しかし、完全な敗北に終わってしまった。チャールズ軍に勝利したジョージ一世は、チャールズ二世の権利を完全に認めることを許さず、スコットランドの伝統文化をなくそうという方針を決め、ゲール語を話すこと、キルトを着用すること、バグパイプを吹くことなどを禁じた。

イングランド軍に負けたチャールズがフランスに戻るまで時間がかかった。身を隠してまずスカイ島に逃れ、それからハイランドを隠れ歩き、あちこちの氏族に助けられながら生き延びた。その時ボニー・プリンス・チャールズ（チャーリーはチャールズの愛称）の首には当時三万ポンド、今のお金で三億円（？）の身代金がかかっていたけれど、誰も密告したり、身柄を引き渡したりはしなかったという。それだけチャーリーは愛されていたか、あるいはそれだけイングランドに対する恨みがハイランドの人々には強かったのであろう。

私は二〇一七年スカイ島へ旅した。景色は圧倒的で美しかったが、車のない私のような旅行者にとっては非常に不便な所でもあった。ツアーで旅行をしたのだが、そのツアーのボートでは、幸い誰も近づけないような険しい岩穴を見せに連れて行ってくれた。そこが、チャーリーがフランスからの助け舟を待って、三ケ月過ごしたところなのだと説明された。フランス育ちの坊ちゃん王子がそんな所でよく生活できたと感心したものだった。

チャーリーは大勢の人たちに助けられてフランスに無事戻り、結婚したり、離婚したり、愛人を何人も持ったり子供にも恵まれて七十歳で亡くなるまで贅沢な暮らしを維持することはできたが、スコットランドの王位を守ってきたスチュアート家も王を選出する資格を失い、スコットランド独立王国も完全に終焉した。

「Grolious Defeat」という言葉はチャールズが自ら言ったのではなく、スコットランド人がみな感じている感情のようだ。この時以来、スコットランドでは戦争ばかりでなくスポーツでも負けることが多かったが、それでも自分達を卑下したり、落ち込んだりせず、敗北の中にも栄光を見出す心の余裕を自然ともつようになったのだろう。

❖王制の終焉椿の花のごと

イングランドに飲み込まれたスコットランド

一七〇七年に連合王国が成立した。それはスコットランドにとっては自分の国がなくなり、イングランドに迎合することでもあったのであるから、反対する人達も大勢いたに相違ない。しかしそうせざるをえない理由があったのである。

当時のスコットランドは経済的に非常に難しい時に直面していた。ジェームズは一歳一ケ月の時にスコットランドで即位はしたものの、摂政が実際の政治を司っていたので、政治は乱れ、宗教改革が起きて、宗教的にも混乱を生じていた。ジェームズは十八歳の時にスコットランドに戻り、王座につくことになった。それまでは、母親のメアリー・オブ・スコッツがカトリックであったことから、すでにプロテスタントに推移していたイングランドと諍いになった。メアリーの率いる軍と反カトリック軍との戦いになり、メアリーの軍隊は負けてとうとう廃位させられ、ジェームズが名目上の王になった。しかし、たった一歳一ヶ月なので、イングランドに連れて行かれプロテスタントの雰囲気で育てられ教育されていたのである。

イングランドにとってスコットランドは重要な隣国であったので、ローマ人が去った後、イングランドという国が出来るやいなや、アイルランドを支配下に置き、ウエールズを奪い取った。次はスコットランドだったが、戦いに敗れることもあり非常に手間取った。一六〇三年にエリザベス一世亡き後、イングランドの王家の相続が絶え、当時スコットランド王だったジェームズ六世がイングランド王家の血縁でもあることからイングランド王の資格を持ち、迎え入れられることになった。ジェームズは十八歳でスコットランドに戻りスコットランドの抱えていた問題を次々に解決していた才能ある王であったので、イングランド側も喜び、イングランド王になってからは、ロンドンの宮廷で快適な生活を営んでいた。そのせいか一度しかスコットランドには帰らなかったそうである。

イングランドもスコットランドも将来のことを予見してか、王家同士の政略結婚を何代も前からしていたので、いつかはこうなることを先王は予見していたのかもしれない。しかし見方によっては相手の国を呑み込むことをも意味している。スコットランドの王がイングランド王を兼ねるので、スコットランドがイングランドを支配することになると誤解した者もあったかもしれない。しかしことはそう簡単ではなかった。ジェームズ六世はイングランドではジェームズ一世と呼ばれたが、イングランド王はスコットランド出身でもスコットランドをイングランドの支配下に置くことを密かに計画していた。ジェームズ自身は両国の合同の元に新しい一つの国家を築くことを願っていたのだが、実情はそうではなかった。

その頃、スコットランドでもイングランドでも宗教改革が始まっており、ジェームズはプロテスタントの聖職者からもカトリックの聖職者からも自由になるべきだという政策をとったために、両派から反発され、願っていた両国の政治統合などほど遠い夢のまま生涯を終えることになった。一六二五年のことだった。

一七〇七年の連合王国成立で再びスコットランドはイングランドに屈服し合同法なるものに同意させられたのである。一六〇三年の同君連合で王を奪われ不満を抱いていたにもかかわらず、今度は王ばかりでなく、それまで続いていたスコットランド議会を閉会してイングランドの議会と合同にしなければならなくなった。一六〇三年の同君連合から一七〇七年の合同法成立まで一〇四年の歳月が流れ、その間に清教徒革命があり、名誉革命があり、ジャコバイトの発起があり、グレンコーの虐殺があり、ダリエン計画の失敗があり、そしてやっと名誉革命が終わりを告げ、次代が始まろうとしていた。次代を迎えるイングランドは植民地を広げつつあり、産業革命も始まろうとしているところであったから、スコットランドが合同法に合意しなければ、スコットランドは外国とみなされ自由に外国との貿易をすることも出来なかったのである。

❖春一番二国はまとまり一国に

スコットランドの「南北問題」？　ハイランドとローランド

スコットランドを北と南に区別して「ハイランド」「ローランド」と呼ぶ。ハイランドは北部の高地地方でインヴァネスが代表的な町である。一方、ローランドは中部・南部の一帯で、アバディーン、グラスゴー、エジンバラ、スターリング、ダンディ等の都市がある。

スコットランドという国が出来かけている十二、三世紀の頃はそのような区別はもちろんなかった。しかし、イングランドの侵入が絶え間なく続き、西からはケルト人、南からはブリトン人やアングル人、北からはノース人の流入があり、次第に北部と南部に違いが出てくるようになった。

キリスト教は、西側つまりアイルランドからカトリックが、南側からプロテスタントが入ってきた。アイルランドからの伝道師はゲール語を使い、南側のイングランドからは英語を話す伝道師が入ってきた。そして宗教革命があり、南部のローランド人の多くはプロテスタントに改宗した。それでハイランドとローランドでは宗教が異なり、言葉も異なるようになった。そしてローランドの人達はハイランドの人達に対して、「無教育、野蛮、喧嘩好き、古い伝統を固守する」等々、さまざまな否定的なイメージを持つようになった。

十六世紀のイングランドは、一五三四年にイングランド王が首長令を発布しカトリック教会を解散させ、イングランド国の半分を保有していたといわれる土地を取り上げ、プロテスタントに改宗した者に再分配

ハイランド地方グレー・コーの景観

した。

十七世紀、十八世紀、スコットランドでは「クリアランス」という社会的な大変化があった。「土地清掃、ハイランド清掃」と訳されるが、小作農民などに農業をやめさせ、土地から追い出す政策である。産業革命により農業用機械が出始めたことで、地主は小作人を使った手作業より機械を使う方が効率的で収入増につながることを知り、そのやり方を好んだ。農業をやめた農民は都市へ移り、さらにはアメリカへの移民となった。イングランドが植民地を増やし、産業革命の中で新しい分野での大勢の人材を必要としていたため、ローランドでのクリアランスはそれほど大きな社会問題にはならなかったが、ハイランドではそうはいかなかった。

ローランドより半世紀ほど後に起こったハイランドの農業革命は、機械を使うというものではなかった。ハイランド地方は山が多く、土地の起伏が激しいので機械を使うには適していなかったので、地主は産業革命に乗じて、羊の毛が収入増に直結することを見越し、小作人を追い出してその土地に羊を飼うことにしたのだ。ハイランドの小作人は住居やわずかな私財を没収されることを拒んだため、農場主は手こずり、住居を焼くなどの強硬策をとり、死人が出るケースもあった。

結果としてハイランドでも小作人はそれまで住んでいた住居を追われることになり、大々的な移動に繋がっていった。大半は、ローランドの大都市グラスゴー、エジンバラや海岸の都市に移り、そしてカナダ、北アメリカ、オーストラリアなどへの移住を余儀なくされた人々も多かった。十九世紀までに、ハイランドに住む人口より多くの人々が世界中にディアスポラ（離散定住集団）として移住していったのである。

国内では、ハイランドで使われていたゲール語は禁止され、教育は英語で行われ、ハイランド文化の特徴とされたキルトを着るのも禁止、バグパイプを吹くのも禁じられた。そのような政策の結果、次の世代までにはゲール語もキルトもバグパイプ奏者もまったく消えてしまったのである。イングランド側からすれば、ハイランドをなるべく早くにイングランド化したかったのである。

❖国追われ国変われども春めけり

アメリカ建国に貢献したスコットランド人

アメリカとスコットランドは切っても切り離せない関係になってしまった。それは十七世紀、十八世紀に実に大勢のスコットランド人がアメリカへ移住していったからだ。スコットランド人はアメリカとカナダばかりでなく、オーストラリアやニュージーランドなどにも移民として渡っているが、最初の頃は北アメリカとカナダが多かった。

スコットランド人と一口に言っても三つのグループに分けて考える必要がある。一つはハイランドに住むスコットランド人、二つ目はローランドに住むスコットランド人、そして忘れてならないのはアルスター・スコット人（主にローランドから北アイルランドに移り住んだスコットランド人、スコッツ・アイリッシュとも呼ばれる）。

現在スコットランドに残っている人数よりも海外に移住しているスコットランド人の方が多いと聞いて驚いた。十二、三世紀頃のスコットランドはアイルランドや北方からの絶え間ない移民のために人口がかなり増えていたが、十七、八世紀にクリアランス（清掃）が始まってからは人口が減り始め、現在ではヨーロッパで最も人口密度が低い地域になってしまった。

クリアランスで土地を追い出された人々の行き先は最初は大都市だった。ローランドの人達はイングランドに近く、英語を話したので、大都市に行けば仕事を見つけるのも難しいことではなかった。それに大都市がダメなら外国に出て行くという選択肢もあったが、ハイランドでは、イングランドと連合王国になってからもゲール語を話す人たちが多かったので、大都市に行っても仕事が簡単に見つかるわけではなかった。海岸沿いの町や大都市のはずれに同郷の者たちと寄り添って住み、さらに貧しくなり、餓死する人も出るほどだったが、最後の選択技が海を渡っての移民だった。

最初はほとんどがアメリカのノース・カロライナ州だった。第一回目の一七三九年、第二回目の一七六〇年〜一七七四年、この間に二万人ものハイランドからの移民がノース・カロライナ州に移住した。アメリカは最高の国という宣伝がされていたこともあって、その後も次々に集団でノース・カロライナ州に移り住んだ。

ローランドの人達もノース・カロライナ州に移住しているが、グループとしてではなく個人で移り住んだので、人口的にはずっと少なかった。しかし、移住したローランドのスコットランド人は英語が達者なことと教育があったことから、商人、政府の高官、軍人などにたちまちのし上がり、ハイランドからの移民とは別の世界に住むことができた。

北アイルランドから移ってきたいわゆるアルスター・スコットと言われるスコットランド人は、一六八〇年頃からポツリポツリと移動を始めていたが、一七二〇年頃からグループで移住するようになった。しかし彼らはノース・カロライナ州ばかりではなく、ペンシルヴァニア、サウス・カロライナ、ニュージャージー、メリーランド州などに散らばって移住した。この人達は主にジェームズ一世支持者で、イングランドに政変があるたびに新しい政府に反対する人達が迫害を逃れて渡ってきた。彼らは州知事になったり、キリスト教の長老派教会（プレスビテリアン）、アングリカン・チャーチの宗教を導く牧師の役を担ったり、優秀な軍人になった。そしてやがて始まるフランス・インディアン戦に活躍することになった。

しかし、これらのスコットランド人はやがて始まるイングランドからの独立戦争に際して、イングランドに楯突くことを嫌うスコットランド人、イングランドから独立を望むスコットランド人とに分かれるようになり、独立反対のスコットランド人は、当時イングランドの植民地だったカナダのノヴァ・スコシア州やニュー・ブランズウィック州に移住していった。

ノヴァ・スコシアはラテン語で新しいスコットランドという意味で、最初はフランスの植民地だったのをイングランドが戦争で奪い取った地域である。当初はミクマック・インディアンが住んでいたが、イングランドに制圧された。イングランド政府は奪い取った地域にスコットランド人をどんどん送り込んだ。その上、アメリカの独立戦争が始まった時には独立に反対しイングランドに味方をするスコットランド人も移り住んできた。現在ではノヴァ・スコシア州の人口割合はスコットランド系が一番多い。

スコットランド人のアメリカとカナダへの移住はアメリカ独立後も続いた。そしてノース・カロライナ州では団体で何かを催すことが出来る程の数をスコットランド系が占めるようになった。ゲール語を話し、十四世紀頃からハイランドで続いている丸太投げ、石投げ、ハンマー投げなどの競技会のあるハイランド・ゲームも続け、キリスト教の宗派は長老派教会が主導権を握り、そしてアメリカ建国に大きな影響を与えた。

アメリカ独立戦争に関わったのは、当時の十三州だけだった。戦争を開始してから独立宣言に加わることに躊躇した州も多く、結局、最初に独立を宣言したのはノース・カロライナ州だった。その独立宣言を書くのに貢献したのがスコットランド人だった。そして宣言を下すのを躊躇している州に決断を勧めたのもスコットランド人だった。その頃のイギリス連合王国の王はジョージ三世だった。ジョージ三世はドイツ系のハノーヴァー家出身で、スコットランドのスチュワート王朝はすでに終わっていたのである。アメリカへ移民してきた頃のスコットランド人はスチュワート王朝時代だったこともあって、時代が変わり、たとえスチュワート家の血がながれていると言われても、英語も話さないハノーヴァー家からの王を受け入れることは難しかったという事情もある。イングランドはハノヴァー家からの王が支配していたので、代々スチュワート家の王が存続していたスコットランドが独立することにあまり抵抗がなかったのかもしれない。アメリカのイングランドからの独立はそういう意味もあった。

独立宣言作成を託されたのは五人であった。代表はトーマス・ジェファーソンだった。独立宣言の主旨は、全ての人間は、自分の命、自由、幸福を追求し、守る権利を神によって与えられているということである。人民には、もし政府がその役目を果さなければ転覆させることができる権利が与えられている。独立宣言は最終的に独立戦争が始まってから一年後に出来上がったのだが、それにサインをしたのは、十三州からの代表五十六人でその中でスコットランド人は二十一人を占めていた。彼らは独立宣言の主旨を信じて戦争を起こし、イングランド連合王国を拒絶し、一七八一年に独立を果たした。

しかし独立宣言の「全ての人間は平等」という思想に、アブラハム・リンカーンをはじめとして、これを文字通りに解釈することに違和感を感じる者が出始めた。独立宣言創始者のジェファーソン自身が黒人奴隷の持ち主だったからだ。奴隷を持ちながら「全ての人間は平等」と言っても筋が通らないだろう。

当時のアメリカ大陸は十三州のアメリカ合衆国と南部連合国に分かれていて、一つの国ではなかった。南部連合国は奴隷制度を支持し、アメリカ合衆国はリンカーンら奴隷制に反対の者が多く、その意見の不一致に火がつき、南北戦争が始まった。南北戦争は一八六一年に始まり、一八六五年にアメリカ合衆国の勝利に終った。それから南部連合国もアメリカ合衆国に吸収され、そこから本格的なアメリカ建国が始まったのである。

アメリカ合衆国に渡ったスコットランド人、特にローランドのスコットランド人は他の移民、アイルランド人、ドイツ人、スカンジナビア人、イタリア人、ポーランド人などが多かったが、彼らに比べると英語の読み書き、会話ができるので、仕事はたやすく見つけることができた。仕事につくとすぐマネジャーの地位に昇るなど、全般的に優位な立場にあった。彼ら以外にそのような仕事ができたのはユダヤ人だけであった。したがってスコットランド人の可能性は無限だと考えられ、やる気さえあればどんな夢でも叶えられたようだ。ノヴァ・スコシア州ばかりでなく、ルイジアナ州をアメリカがフランスから買い取った後は、スコットランド人のルイジアナ州への移住が進み、地域社会形成に多大な影響力を発揮した。その根本的な政治理念はエジンバラの哲学者デイヴィッド・ヒュームの考えに影響された考え方で、長老派教会（プレスビテリアン）の精神に基づいたものであった。そしてこの土壌がベンジャミン・フランクリンをはじめとして多数の偉人を輩出した。それからのアメリカ合衆国の大統領四三人のうち三三人がスコットランドと関係のある人物で、スコットランドと関係がない大統領はたった一〇人しかいないというのも意外なようで納得できる。

アメリカ建国へのスコットランド人の貢献を論じるうえで、私はどうしても一人だけ取り上げたい人がいる。アンドリュー・カーネギーである。

アンドリューはスコットランドの片田舎ダンファムラインで生まれた。父親は機織りの仕事をしていたが、儲かる仕事ではなかったらしく、一家を養うのさえ難しく、アンドリューは学校にも通えないでいた。しかしアンドリューには優秀な伯父が何人かいて、彼らの激励がアンドリューを大きく成長させた。その一人は勉学は自分でするものと教え、当時すでに有名になっていた詩人のロバート・バーンズら幅広い分野の書物を読むこと

哲学者ヒューム像（エジンバラ）

カーネギー

を勧めた。アンドリューはウィリアム・ウォレス、ロバート・ザ・ブルース、ロブ・ロイなどの存在も書物を通して知っていた。当時働く若者のためにと、土曜日の夜に開いている図書館を利用するなどしてアンドリューは勉学に励んだ。

　織物業界は手作業から機械化になりつつある時だったので、父親は増産に困難を感じ、家族を伴ってアメリカ移住を決断した。アンドリューは十三歳。行き着いた所はペンシルヴァニアのアルゲニという所だった。そこはアメリカの貧民窟と言われていた所で、移民ばかりの極貧困者が住む地域だった。アンドリューは十三歳だったが父親と同じ会社でボビン・ボーイとして日中の仕事を得た。ボビン・ボーイとは織物をする時に必要な糸を巻いたボビンを絶やさないように織物をしている人に渡す役目の人。ボビンは絶やすことが出来ないので非常にきつい仕事である。

　向学心旺盛だった彼は、土曜日の夜も開放されている図書館に通いつめて学んだ。アメリカに移住していた伯父の一人はアンドリューの仕事振りを見、当時成長しつつあったペンシルヴァニアの鉄道関係の仕事を紹介した。それがきっかけで、アンドリューは鉄道会社のマネジメントをまかされるようになり、さらには鉄鋼会社にも関係するようになっていった。投資についても知識を得、次第に投資のプロとなっていった。もともとの働き者、倹約家であることが有利に働いて富を蓄積していったのである。

　そして六十二歳でリタイアする頃にはアメリカでも一、二を争うほどの大金持ちになっていた。彼は、富を増やすためには身を粉にして働くことであるが、同時に、蓄積した富は社会に還元し社会のために役立たせることによって初めて富を持つことの意味がでてくるという人生哲学を実践した。三〇〇〇もの図書館を作り、スコットランドの大学、研究、学生を援助するためのトラストを設け、公園を作り、アメリカにも二つの新しい大学を建設した。そして、公共のプールをありとあらゆる町に作るといったように、彼が亡くなった後でも彼の築いた慈善団体の恩恵を受けている人は数限りない。

多数の大統領、企業家アンドリュー・カーネギーなど、スコットランド人は様々な方面でアメリカ建国に貢献し、アメリカ史の肯定的な面を担っていた。しかし、アメリカのスコットランド人の中には同時に否定的な要素も存在していた。その一つはＫＫＫ（Ku Klux Klan）のような反社会的なグループである。Klan とはスコットランドのクラン、つまり「氏族」の意味である。このグループは南北戦争後に結成、南北戦争後、戦死を免れた戦士の中には、自分達が生涯をかけて築き上げた領土が戦火に壊滅したのを見て悲しみ、これからは、自分達が築き上げたものは、自分達で守ろうじゃないかという意図でグループを作り、それが後にＫＫＫに発展していった。

現代のアメリカは負の要素と民主主義、自由などの正の要素が入り混じって存在し、これからも継続していくだろう。負の要素が強くでてくると、アメリカ建国の理念に燃えた人々が頭をもたげてくるので、アメリカの健全さは保たれるのである。

❖アメリカに移住の夢や土用波

意外と深い関係の日本とスコットランド

私は、娘がスコットランドに住むようになるまでスコットランドのことをよく知らなかった。スコットランドはいつもイギリスの一部であり、イギリス＝スコットランドと理解していた。しかし、スコットランドとイギリスの関係は日本と北海道のような関係ではなく、スコットランドはかって独立国であったこと、そして日本とも関わりのある国であることも学んだ。

一六〇三年にスコットランド王ジェームズ六世はイングランド王ジェームズ一世となり、両国の王を兼ねることになった。この年は徳川家康が征夷大将軍となり江戸幕府を開いた年でもあった。家康はウィリアム・アダムス（三浦按針）を介して、ジェームズ王と手紙や贈答品のやり取りを行った。その頃から両国の関わりは始まった。

一八五八年に調印された日英修好通商条約のために英国側全権として来日したのはスコットランド人のエルギン卿であった。翌年にはスコットランド出身のトーマス・グラバーが長崎に来港し、グラバー商会を開設し、貿易商として活躍、日本の近代化に大きく貢献した。

驚いたことに、政治、経済以外にも日本はスコットランドの影響を受けていた。ペニシリンを発明したアレクサンダー・フレミング、経済学の父と言われるアダム・スミスのことは日本の大学では基礎知識として必ず勉強しなければならないが、彼等をスコットランドと関係づけて学習してはいないだろう。

そのほかグラハム・ベルの発明した電話に恩恵を受けていない者はないだろう。タータンチェックもよく見られる。学校から家に帰ってロバート・ルイス・スティーヴンソンの「宝島」を読み、大人になってからはコナン・ドイルのシャーロック・ホームズを読む。趣味でゴルフを楽しむ人が増え、カーリングもオリンピックの種目に入るくらい人気になった。カーリングで使うストーンは特別な花崗岩でなければならないそうで、その石はクラスゴー郊外の娘の住む村からあまり遠くないところで採れるという。私にはカーリングがぐんと身近になった感がある。

卒業式で歌う「蛍の光」のメロディーはスコットランドの民謡だった。スコットランド人で知らない人はいないバーンズ・ナイトの最後に歌われる歌が同じメロディーなのだ。こうして知らぬ間に我々の日常生活にスコットランドは入り込んでいる。

また、日本人もスコットランドのために貢献している。渡辺嘉一は一八八四年にグラスゴー大学で土木工学を勉強し、卒業後、建設の最中だったフォース鉄道橋の監督を任され、当時の建築技術の最高峰と言われる素晴らしい鉄道橋を建設した。その後も日本の企業の進出が増え、二〇一三年の調査ではスコットランドにある日本商社は四六社になっているということである。

二〇一八年五月にダンディを観光した時、二〇一九年開館予定の新しい博物館があるから是非見て欲しいと何度も勧められて見に行った。その新しい博物館はビクトリア・アルバート・ダンディ・デザイン博物館という。建築家が隈研吾。何かと話題になった新国立競技場を設計したあの人である。その美術館は海のそばに建てられ、建物そのものがデザイン美術館にふさわしい、はっとさせられるような奇抜な美しいデザインだった。

美術館の近くの公園には「東屋」という題のダンディの森から取れた木の枝を積み重ねて作った小さな小屋があった。それを建てたのも日本人のアーティストなのだという。そしてその公園には日本庭園風な

隈研吾設計のビクトリア・アルバート・ダンディ・デザイン博物館

日本人アーティストの作品「東屋」

コーナーもあり、人々は椅子に坐って夕暮れを楽しんでいた。
スコットランドでは寿司も少しずつ受け入れられ始めていて、日本との文化交流もバランスが取れ始めているように見えた。

❖想い寄す蛍の光カレドニア

あとがき

私の娘美雪は二十四歳でロンドン大学修士課程を卒業後、ロンドンでニールというイギリス人の男性と「無限響」という和太鼓グループを立ち上げた。一九九四年のことである。「無限響」の演奏活動が本格的になるにつれ、専用道場が欲しいと思うようになってきたのだが、ロンドン周辺では大きな音の出る和太鼓の道場を見つけることはできず、結局スコットランドのグラスゴー近郊の牧場の真ん中にあった古い農家を見つけ、それを道場に改造することにした。

「ママ、やっと探していた所が見つかったよ。グラスゴーの近くなの」

グラスゴーとはスコットランドで最も人口の多い都市であることぐらいは知っていたが、はたしてどんな所か私は知らなかった。

それから私は、娘夫婦が演奏旅行に出る間のベビーシッターとして、さらには演奏旅行に同行するなどして頻繁にスコットランドを訪れるようになった。

ここまでは『スコットランドに響く和太鼓　無限響25年の物語』（芙蓉書房出版刊）としてすでに一冊にまとめている。

本書は、「スコットランド人って一体何者なのだろう?」というシンプルな私の疑問の答えを見つけるために、スコットランドのあちこちに出かけた記録である。

お土産用のティー・タオルに描かれた偉人たちに驚き、ヴァイキングが入ってきた島、消えたピクト人、国民的詩人ロバート・バーンズのお祭り、ストーン・サークルの魅力、アメリカとは違うハロウィーンの体験など、何でも見てやろうと歩き廻った。複雑な民族の歴史、イングランドとの長い戦いなど、調べれば調べるほど、スコットランドへの興味は広がっていった。

まだまだ行ってみたい所はたくさんあるが、ひとまずまとめておくことにした。

ウイリアムス春美

参考文献

『スコットランド国民の歴史』　T・C・スマウト著、木村正俊監訳　原書房

『とびきり哀しいスコットランド史』　フランク・レンウィック著、小林章夫訳　ちくま文庫

『ロバート・バーンズ　スコットランドの国民詩人』　木村正俊・照山顕人編　晶文社

『ロバート・バーンズ　人・思想・時代』　岡地嶺著　開文社出版

『ロバート・バーンズ詩集』　ロバート・バーンズ研究会編訳　国文社

『地球の歩き方　湖水地方&スコットランド』ダイヤモンド社

Scotland History of a Nation, David Ross, Lomond Books

Jacobites a new history of the '45 rebellion, Jacqueline Riding Bloomsbury Press

Scotland The History of a Nation Magnus Magnusson, Atlantic Monthly Press

How the Scots invented the Modern World, Arthur Herman Crown Publishers

著 者

ウイリアムス春美《はるみ》

1939年(昭和14年)福島県生まれ。青山学院大学卒業後、中学校の英語の教師になる。1968年(昭和43年)にイギリス人と結婚。結婚後アメリカ、インドネシア、マレーシア、イギリスに住み、1976年からアメリカのワシントンD.C.に定住。1982年(昭和57年)にジョージタウン大学大学院を卒業し、その後ジョージタウン、アメリカン、ハワード大学で日本語を教える。1997〜1998年(平成9〜10年)、イギリスにて代替医療について学び、以後アメリカにて代替医療に携わり、太極拳をシニアセンターやスポーツセンターなどで教える。
著書に、『母なるインド』(芙蓉書房、1970年)、『ぶらりあるき幸福のブータン』(2011年)、『ぶらりあるき天空のネパール』(2012年)、『ぶらりあるきチベット紀行』(2013年)、『ぶらりあるきビルマ見たまま』(2015年)、『ぶらりあるきメコンの国々』(2016年)、『スコットランドに響く和太鼓』(2017年、以上、芙蓉書房出版)がある。

あれこれ知りたいスコットランド

2019年 9月13日　第1刷発行

著 者

ウイリアムス春美《はるみ》

発行所

㈱芙蓉書房出版

(代表 平澤公裕)

〒113-0033東京都文京区本郷3-3-13

TEL 03-3813-4466　FAX 03-3813-4615

http://www.fuyoshobo.co.jp

印刷・製本／モリモト印刷

ISBN978-4-8295-0769-8

【芙蓉書房出版の本】

スコットランドに響く和太鼓

無限響(MUGENKYO)25年の物語

ウイリアムス春美著　本体 1,700円

ニール・マッキーとウィリアムス・美雪が1995年に立ち上げた"MUGENKYO"。英国を中心に欧州各国で活動しているこの和太鼓演奏グループはヨーロッパで和太鼓を広めた草分け的存在。まもなく結成25周年を迎える「無限響」の苦闘の足跡をまとめたノンフィクション。

カウチポテト・ブリテン

英国のテレビ番組からわかる、いろいろなこと

宗 祥子著　本体 1,800円

暮らしてわかった！　テレビ番組というプリズムを通して見えた日本と英国。おもしろいドラマ、ドキュメンタリー41本と今の英国がわかる。そんな一石二鳥の本です。この本を読んだら、ネット配信をチェックしたくなります。

パリ2000年の歴史を歩く

花の都を彩った主役たちの人間模様

大島信三著　本体 2,300円【9月新刊】

シーザー、ジャンヌ・ダルク、マリー・アントワネット、ナポレオンなどパリを舞台に活躍した人々の史蹟を訪ねるパリ2000年の歴史散歩。シャルリー・エブド襲撃事件、黄色いベスト運動、ノートルダム大聖堂の火災など最近の話題も取材。写真250点収録。

ピラミッド広場のジャンヌ・ダルク像